こじれた
話合いも
スッキリと
うまくいく!

有利に解決!

離婚調停

令和4年民法(親族法)改正に対応

弁護士
梅田幸子[監修]

フリーライター
飯野たから[著]

自由国民社

はしがき ——改訂にあたって

令和５年１年間に離婚した夫婦は18万７７９８組です（厚生労働省・人口動態統計速報値）。婚姻件数が48万９２８１組ですから、見方によれば、夫婦の３組に１組は離婚するとも言えます。今日、皆さんの周りでも離婚経験者は意外にいるはずです。友人知人から離婚をめぐるトラブルや悩みを相談されたという方も多いでしょう。

しかし、実際に離婚に直面したとき、離婚経験者の体験話は不安を取り除くことはできても、法律的な手続きや解決方法を知るには、必ずしも役立つとは言えません。なぜなら、離婚原因や離婚の話合いでもめている内容は夫婦により様々だからです。一方が離婚を拒否しているケースもあれば、離婚そのものに異存はないが未成年の子の親権、財産分与や慰謝料、養育費など離婚給付の支払いで争っている夫婦もいます。家族構成や経済事情なども夫婦ごとに異なるからです。

また、離婚に際しては、未成年の子の親権や離婚給付など、夫婦間で取り決めなければならない問題は少なくありません。当然、冷静に話し合う必要があるのですが、当事者同士の話合いでは互いに感情的になり、話がまとまらないことが多いのです。

そんな場合に役立つのが、離婚調停という制度です。これは、夫婦が家庭裁判所で調停委員を交えて行う話合いで、調停委員というプロが夫婦双方から言い分を聞き、その夫婦にとって、もっとも妥当な解決方法を当事者である夫婦と一緒に考えていきます。手続きも簡単で、費用もわずかで済むので、本人だけでできる制度です。

本書は、離婚話が行き詰まった夫婦や、離婚調停を利用したいが裁判所という場所に行くことに二の足を踏んでいる夫婦のため、申立方法など離婚調停の手続きの仕方や調停の場での応対を、家事事件手続法や民法など法令に基づいて、わかりやすく、具体的に紹介してあります。

なお、令和4年には、民法の親権規定から懲戒権が外されるなど、親族法も時代に合わせた改正が行われており、現在開会中の通常国会では、離婚後も別れた夫婦に未成年の子の共同親権を認める民法改正案が審議中です。

今回、このような法律の動きを踏まえ、最新の法令や統計数字により改訂しました。これから離婚調停を利用しようと考えている方々のお役に立てば幸いです。

令和6年3月吉日

監修者　弁護士　梅田幸子

目次

「第1章」相手が離婚に応じなければ離婚調停を起こせばいい

▼離婚調停とはどんなものか

「第2章」離婚調停で勝つには事前の準備が重要！

▼離婚調停を起こす前の準備と調停申立ての手続き

離婚調停を起こす前の準備

「第3章」調停委員を味方にすれば離婚調停は有利に運ぶ

▼離婚調停に出る心構えと調停の場での上手な対処法

■具体例20でみる離婚調停の注意点と対処法■

第1章

相手が離婚に応じなければ離婚調停を起こせばいい

★離婚調停とはどんなものか
★離婚調停は家庭裁判所でする話合い・ほか

離婚が話合いで決まる
（協議離婚の成立）

※未成年の子がいる夫婦は、子の親権者を決めないと離婚届を受理してもらえない（現行法では、離婚後は単独親権となるが、離婚後も「共同親権」を認める民法改正案が令和６年の通常国会に提出された。詳しくは、112頁参照）

●離婚までに決められなかった離婚条件を決めたいとき
●離婚する際、取り決めた養育費を増減したいとき・他

離婚後の家事調停

不調

財産分与
家裁で審判

慰謝料
地裁で訴訟

調停手続き
（離婚調停）※

※夫婦関係円満調停の場合もある

●離婚調停ではどんなトラブルを解決できるか

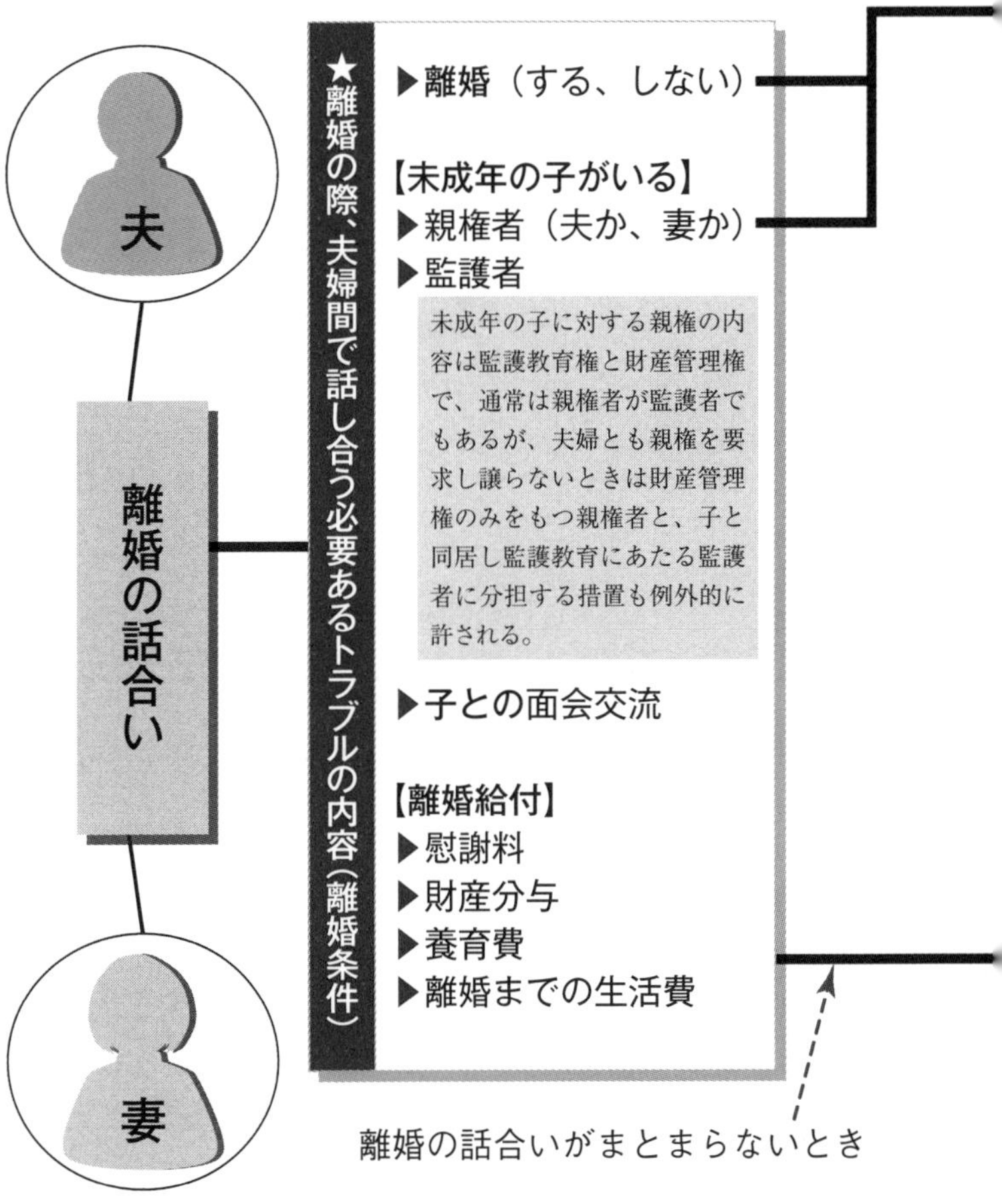

1

離婚調停とは家庭裁判所で行う夫婦の話合いである

…離婚調停で決まったことは判決と同じ効果がある

◆離婚調停とはどんなものか

離婚は結婚同様、夫と妻が互いに「離婚する意思（合意）」があれば、成立します。夫婦の話合いだけで離婚できるわけです（協議離婚・民法７６３条）。しかし、一方が離婚を望んでも、相手が離婚したくないと話合いに応じなければ、離婚できません。また、離婚には合意しても、子どもの親権や養育費、慰謝料や財産分与など離婚条件（前頁見開き図解参照）がまとまらなければ、やはり離婚の話合いは失敗です。

このように夫婦間で離婚の話合いがまとまらないとき、家庭裁判所に話合いの場を移し、紛争解決のプロである裁判官と２人以上の調停委員を交えて離婚について話し合うのが**離婚調停**《りこんちょうてい》（正式には**家事調停**《かじちょうてい》という）です（家事事件手続法第３篇２４４条以下）。具体的には、離婚を望む夫または妻が、家庭裁判所に離婚や未成年の子どもの親権者の地位を求める旨など解決を望む内容を記した「夫婦関係等調整調停申立《ふうふかんけいとうちょうせいちょうていもうしたて》

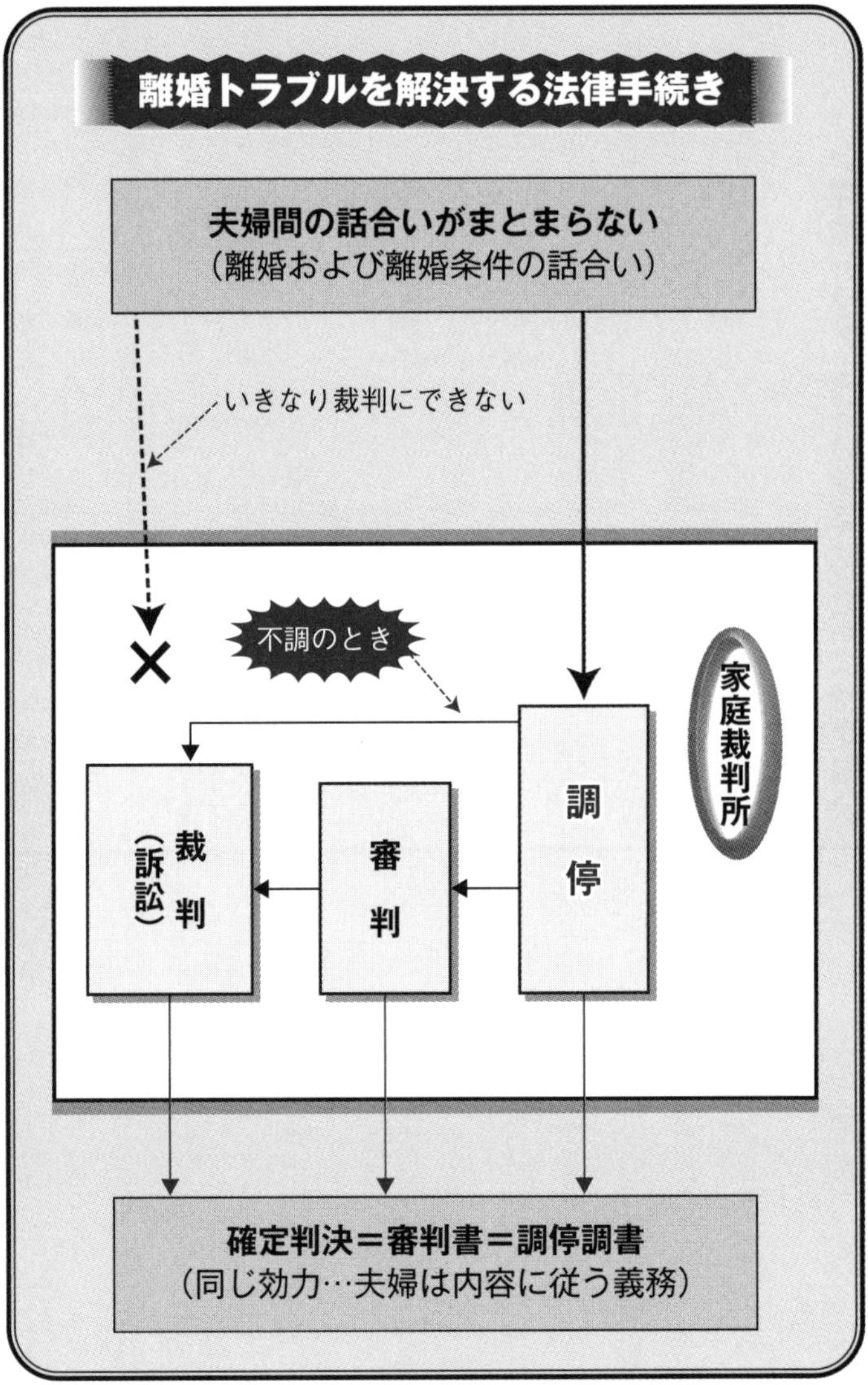
離婚トラブルを解決する法律手続き
夫婦間の話合いがまとまらない
（離婚および離婚条件の話合い）
いきなり裁判にできない
×
不調のとき
家庭裁判所
調停
審判
裁判（訴訟）
確定判決＝審判書＝調停調書
（同じ効力…夫婦は内容に従う義務）

書《しょ》」を提出（他に、「事情説明書」などの書式も記載し提出する。２章参照）、呼出日に夫婦が裁判所に出頭して、調停委員らの助言を受けながら、離婚やその条件の話合いを行います。費用もわずか（申立手数料１２００円＋郵便切手１０００円程度）ですし、裁判のように堅苦しいものではなく、また傍聴人もいませんので気軽に利用できる制度です。相手が話合いに応じないとき、互いの提示する離婚条件がかけ離れているときなど、この離婚調停を申し立てると、話合いがスムースに運ぶ場合も少なくありません。

一般的に、離婚の話合いで揉めるのは、離婚するかどうかより、未成年の子どもの親権者に夫婦のどちらがなるか、また養育費や財産分与を払うか払わないか、払う場合の具体的な金額についてが多いようです。これらの問題は、夫婦で話し合っても互いの主張を繰り返すだけで、まずまとまりません。しかし、離婚調停では、調停委員が妥当な（あるいは相場的な）財産分与や養育費の金額を提供してくれたり、また親権者の問題でも互いが納得できる解決策を提示してくれるので、話合いがまとまるケースが多いのです。

◆離婚トラブルはいきなり訴訟にできない

離婚をめぐるトラブルは夫婦のプライバシーに触れる問題も多く、一般の訴訟事件のように、公開の法廷で証拠調べや証人調べを行い、事細かく夫婦の内情を暴露して白黒付けるという解決の仕方にはなじみません。他の家事事件同様、話合いがまとまらないからといって、いきなり裁判にはできないのです。原則的には離婚調停（夫婦関係調整調停）から始めることになっています（**調停前《ちょうていぜん》置《ち》主義《しゅぎ》**）。なお、調停を求めるトラブル全部がまとまらない（不調《ふちょう》という）ときでも、離婚について合意ができている場合には、離婚だけ調停を成立させ、親権者や財産分与など一部の揉《も》め事については自動的に審判に移行することもあります。ただし、離婚の合意ができなければ、相手への要求を諦《あきら》めるか、家庭裁判所に改めて裁判を起こすしかありません。もっとも、離婚調停がまとまったときは、合意した内容は確定判決と同じ効力を持ち、その内容は夫と妻を拘束します。

POINT

離婚調停とは家庭裁判所で行う話合いで、調停でまとまった内容は、確定判決と同じ効力があります。

2

離婚調停の申立てから調停成立まで自分一人ですることができる

…弁護士など専門家を頼まなくても通常困らない

◆離婚調停の申立費用はたった1200円

相手が離婚に応じないからといって、いきなり裁判（離婚訴訟）にはできないことは、前項で説明しました。どうしても離婚したい場合、まずは相手の住所がある家庭裁判所に**離婚調停**を起こすことになります（事情によっては他の家裁に起こせる場合もある）。ただ、裁判所と聞くと、手続きが面倒で、しかも弁護士など専門家を頼まないとできないと思っている人も多いのではないでしょうか。

語弊を恐れずに言わせていただくと、離婚調停には専門家は必須ではありません。申立ての手続きも、実際の調停（家裁での話合い）も、簡単で手軽だからです。日頃、法律と無縁の夫や妻でも、初めから終わりまで調停手続きすべてを一人で行えます。離婚の話合いで揉め、解決の糸口が見えない場合、気軽に調停を申し立てたらいいのです。

離婚調停の申立てに必要なものは

夫婦関係等調整調停申立書
3通

★申立書の他に提出が必要な主な書類

・事情説明書
・子についての事情説明書
・連絡先等の届出書
・進行に関する照会回答書
・夫婦の戸籍謄本（全部事項証明）　など

申立手数料　１２００円
郵便切手　約１０００円程度（家裁や事件内容により若干異なる）

→ **家庭裁判所**

離婚調停は、まず**夫《ふう》婦《ふ》関係《かんけい》等《とう》調整《ちょうせい》調停《ちょうてい》申立書《もうしたてしょ》**（詳しくは2章9以下参照）など必要書類に規定の費用を添えて家裁の窓口に提出します（前頁図参照）。後は、呼出日（調停期日）にその家裁に出頭し、調停委員を交えて相手と話合いをするだけです。

◆相手に弁護士が付いたときは、専門家に相談しながら調停を進めるといい

相手に弁護士が付いたときは気を付けなければいけません。裁判のように面と向かって反撃されることはありませんし、調停委員も公平な立場で判断しますが、やはり専門家が付いた方に調停は有利に運びがちだということは覚えておいてください。

相手に弁護士が付いたら、あなたも弁護士など専門家を頼んで離婚調停に臨むことをお勧めします。経済的理由などでそれが無理なら、法テラスや無料の市民法律相談などで専門家に相談し、調停に臨む際の注意点や心構えを聞くといいでしょう。

POINT

離婚調停の手続きは、さほど難しくありません。裁判のように弁護士など専門家の助けを借りなくても最後まで一人で行えます。

3

相手が離婚の話合いに応じないときはサッサと離婚調停を起こすといい

…相手を話合いの場に引き出せる効果がある

◆親権者や財産分与でもめているときも離婚調停が役に立つ

離婚調停は家庭裁判所でする話合いだということは、すでにお話ししました。また、夫婦関係のトラブル解決には、この手続きが有効ということもよく知られています。令和４年の司法統計年報家事編によると、夫や妻が、全国の家庭裁判所に離婚や婚姻費用の分担を求めて調停を申し立てた婚姻関係事件で、同年中に結論が出た（終局という）件数は計５万７０６２件（うち離婚を求めたのは計３万５０１３件）でした。結果として、１万８３３３件の離婚調停が成立しています。同じ年に離婚した夫婦は18万３１０３組ですから、これはその１割に当たる数字です。

もちろん、離婚の９割近くは協議離婚ですから、夫婦で話合いができれば離婚調停など必要ありません。しかし、相手が一切耳を貸さないケースもあります。また、夫から暴力（ＤＶ）を受けている妻が夫婦だけで話し合うのは、再度ＤＶ被害を受ける

離婚調停にした方がいいときとは

相手が話合いに応じない → 離婚調停をすぐに申し立てた方がいい

相手が話合いに応じるときでも、次の場合には → 離婚調停をすぐに申し立てた方がいい

・相手に離婚の意思がない

・相手が呑めない離婚条件を押し付けてくる

・相手からDVを受けるか、その恐れがあるとき

・別居しているとき

・未成年の子どもの親権者が決まらないとき

・財産分与、慰謝料、養育費、生活費（婚姻費用）で、もめているとき

話がまとまりそうなとき
話合いがスムースなとき
→ このまま話合いを続ける方がいい

怖れもあり、お勧めできません。このようなときは、早めに離婚調停を起こした方が賢明です（どんな場合に離婚調停を起こしたらいいか、その具体例は前頁図参照）。

◆話合いに応じない相手でも、離婚調停なら話合いの場に引き出せる

離婚調停は裁判（離婚訴訟）と違い、家庭裁判所が判決など結論まで出すものではありません。夫婦の意見がすれ違い、妥協点が見出せなければ調停は成立しないのです（不調《ふちょう》という）。この場合、離婚や離婚条件を勝ち取るには、改めて家庭裁判所に離婚訴訟を起こすしかありません。ただし、正当な理由がないのに調停に出て来なければ5万円以下の過料《かりょう》に処せられることがあります（家事事件手続法51条3項）。また、家庭裁判所の呼出状にはそれなりの心理的効果もあります。話合いに応じない相手を話合いの場に引き出すには、離婚調停は効果的です。

POINT

話合いに応じない相手を話合いの場に引っ張り出すには、離婚調停を申し立てるのが一番です。相手は原則として調停を拒否できません。

4

DV夫の暴力が怖くて離婚を言い出せない そんなときこそ離婚調停を活用しよう

…家庭裁判所はＤＶ夫と顔を会わさない配慮をする

◆調停申立ての際に、DV被害に遭っていることを家庭裁判所に伝える

離婚調停は、裁判官関与のもとに２人以上の調停委員（調停委員会という）が、夫と妻から交互に夫婦関係が円満でなくなった（不和になった）事情や、調停で夫婦関係をどう解決したいのか、それぞれの言い分を聞きながら話合いを進めていく手続きです（調停の詳しい進め方は第３章３項参照）。相手は別室（待合室）にいて、その場にはいないので、互いに本音が言えます。待合室も別々ですから、相手と顔を会わすこともありませんし、互いに相手が調停委員らにどんな話をしたのかもわかりません。

もっとも、調停手続きにおいて原則として、調停の始めと終わりに、夫婦は同席して、担当の調停委員会から調停の進め方や次回の調停期日などの説明を受けることがあります。ところで、夫のＤＶが原因の離婚調停でも、夫婦が家庭裁判所に呼び出さ

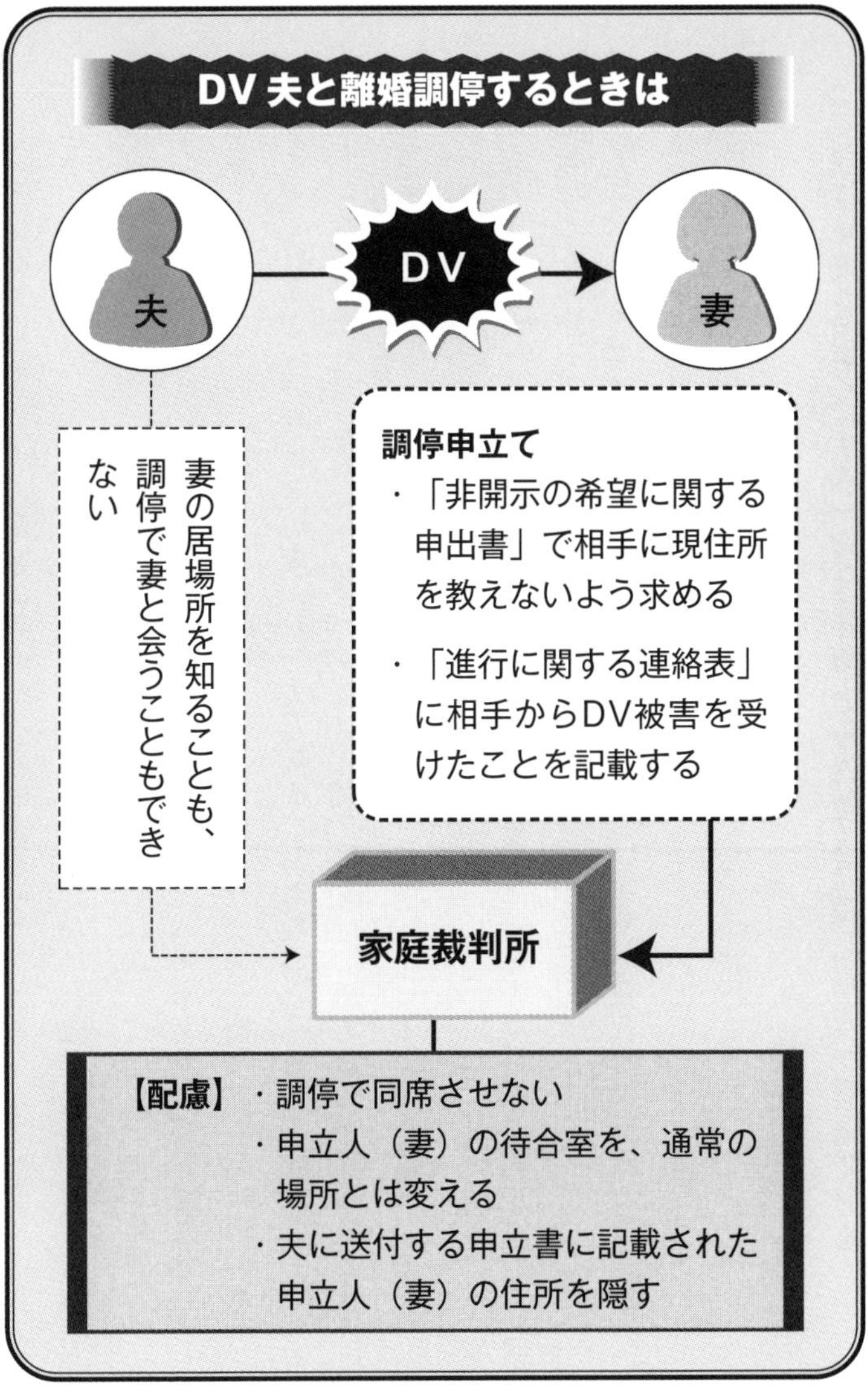
DV夫と離婚調停するときは
DV
夫
妻
妻の居場所を知ることも、調停で妻と会うこともできない
調停申立て
・「非開示の希望に関する申出書」で相手に現住所を教えないよう求める
・「進行に関する連絡表」に相手からDV被害を受けたことを記載する
家庭裁判所
【配慮】
・調停で同席させない
・申立人（妻）の待合室を、通常の場所とは変える
・夫に送付する申立書に記載された申立人（妻）の住所を隠す

れるのは同じ日です。この同席の原則がそのまま適用されると、DV被害者の妻（申立人）は、DV夫（相手方）と調停の席で顔を会わさなければなりません。当然、その場で夫から暴力を受けはしないかと不安になるでしょう。

しかし、安心してください。家庭裁判所では、DVの当事者同士を同席させることはありません。また、待合室の場所も、申入れをすれば通常使う部屋とは別の場所に変えてくれるなど、被害者の妻がDV夫と顔を会わさないよう一定の配慮はしてくれます（前頁図参照）。調停申立書と一緒に提出する「**進行に関する照会回答書**（**進行に関する連絡表**という家裁もある）」に、夫からDVを受けている事実を記載しておけばよいのです。また、DV夫と別居中で相手に居所を知られたくない場合には、「連絡先等の届出書」に、「**非開示の希望に関する申出書**」を付けておけば、相手方に送る申立書などから申立人の連絡先（現住所）は削られます（原則として開示しない取扱い）。

なお、DV被害者の妻は離婚調停を申し立てる際、家庭裁判所の窓口で念のため、夫からDVを受けていることを口頭でも伝えておくといいでしょう。DV被害のことは書類に書いてあるから、一々伝えなくても大丈夫とは思わないでください。

◆DV夫を相手にするときは弁護士を代理人に頼んだ方が安全である

このようにＤＶ被害者の申立人は、離婚調停を起こしても、家庭裁判所で相手と顔を会わすことも、相手に居所を知られる心配もありません。むろん、再度ＤＶ被害を受ける心配もないでしょう。離婚はしたいけど、夫婦だけの話合いでは相手が怖くて離婚を切り出せないとか、言いたいことの半分も言えないという人は、家庭裁判所に離婚調停を起こしたらいいのです。

なお、離婚調停は本人だけで起こせると言いました（本章２項）。しかし、相手方がＤＶ夫の場合には、できれば弁護士を頼んで、調停にも一緒に出席してもらうといいでしょう（弁護士は当事者の付添いで調停の席に出ることができる）。慣れない調停の席では、弁護士が自分の傍にいてくれるだけで安心できます。また、夫と顔を会わさない配慮を家庭裁判所に求める場合も、当事者から申し入れるよりは、弁護士が裁判所に話をした方が効果的だと思います。

POINT

ＤＶ夫と別れるには、夫婦だけで話し合うのは危険です。離婚調停なら顔を会わさずに離婚の話合いを進められます。

5

夫への愛情が醒めたとき、離婚調停なら自分の気持ちを相手に伝えやすい

…相手に離婚原因がないときは調停が役立つ

◆調停委員が間に入ることで、お互いの本音で話し合える

離婚の原因は様々です。夫の浮気や暴力、妻の浪費など、はっきりした理由がある夫婦もいますが、単に「愛情がなくなったから」別れたという夫婦もいます。ただ、妻から「もう愛してないから」と、いきなり離婚を切り出され、「はいそうですか」と理由も聞かず離婚届にハンを押す夫はまずいません。不貞《ふてい》、悪意の遺棄《いき》など裁判離婚が認められる重大な非行事実（民法７７０条）があればともかく、身に覚えがない夫なら、「なぜだ！」と怒り出すでしょう。とくに、面子《めんつ》にこだわる性格の夫だと、話し合えば話し合うほど感情的になり、かえってこじれることも珍しくありません。こうなると、夫婦の話合いで離婚（協議離婚）を成立させるのは難しいと思います。

といって、愛情もないのに夫婦生活を続けるのは耐えられないでしょう。離婚調停は、こんな場合にもお勧めです。もちろん、夫に非はありませんから、申し立てた妻

の言い分を調停委員が認めてくれるとは思いません。しかし、妻の考えを夫に伝えてはくれます。面と向かっては言えないことも、第三者の調停委員を通すことで伝わりやすくなるのも事実です。また、夫側も「夫婦としての愛情がなくなった」という妻の言い分を冷静な気持ちで受け止められるでしょう。

◆破たんした夫婦関係を続けても上手くはいかない

調停委員によっては、「ご主人に非はない。やり直すべき」と、アドバイスしてくる人もいるでしょう。裁判所も、それだけの理由では離婚を認めません。しかし、相手への愛情が醒《さ》めたということは、その夫婦は破たんしているということです。破たんした夫婦がやり直せるケースは稀です。裁判では離婚は認められませんが、調停では、互いに冷静になることで前向きに離婚の是非を考えられるのではないかと思います。

POINT

相手に離婚原因がなく、離婚にも応じないときは離婚調停を起こすといいでしょう。お互い冷静になって離婚について考えられます。

6

相手が一方的に不利な条件を押し付けるときも離婚調停を使うと妥当な条件で折り合える

…調停委員が相手方を説得してくれることも

◆協議離婚の合意書にハンを押してしまうと、後から財産分与は取りにくい

離婚は、夫婦が話し合って決めることができます（民法763条）。子どもの親権や養育費、財産分与なども同じです。しかし、いざ離婚となると、「慰謝料は1円も払わない」、「財産分与は一切しない」など、一方的な離婚条件を押し付けてくる夫や妻もいます。また、未成年の子を引き取る妻が、「二度と子どもに会わないでほしい」などと言い出し、夫側と揉《も》めることも少なくないようです。もちろん、どうしても離婚したいからと、こんな一方的に不利な条件を承諾する必要はありません。離婚条件も、法律上の夫婦の立場は五分と五分です。たとえば、財産分与について、民法は「協議離婚した夫婦の一方は相手方に財産分与を請求できる」と、定めています（768条1項）。正当な理由もないのに、「財産分与は払わない」と居直るのは許されません。

相手方からもし、その条件を呑《の》まなければ離婚届にハンを押さないと言われたら、

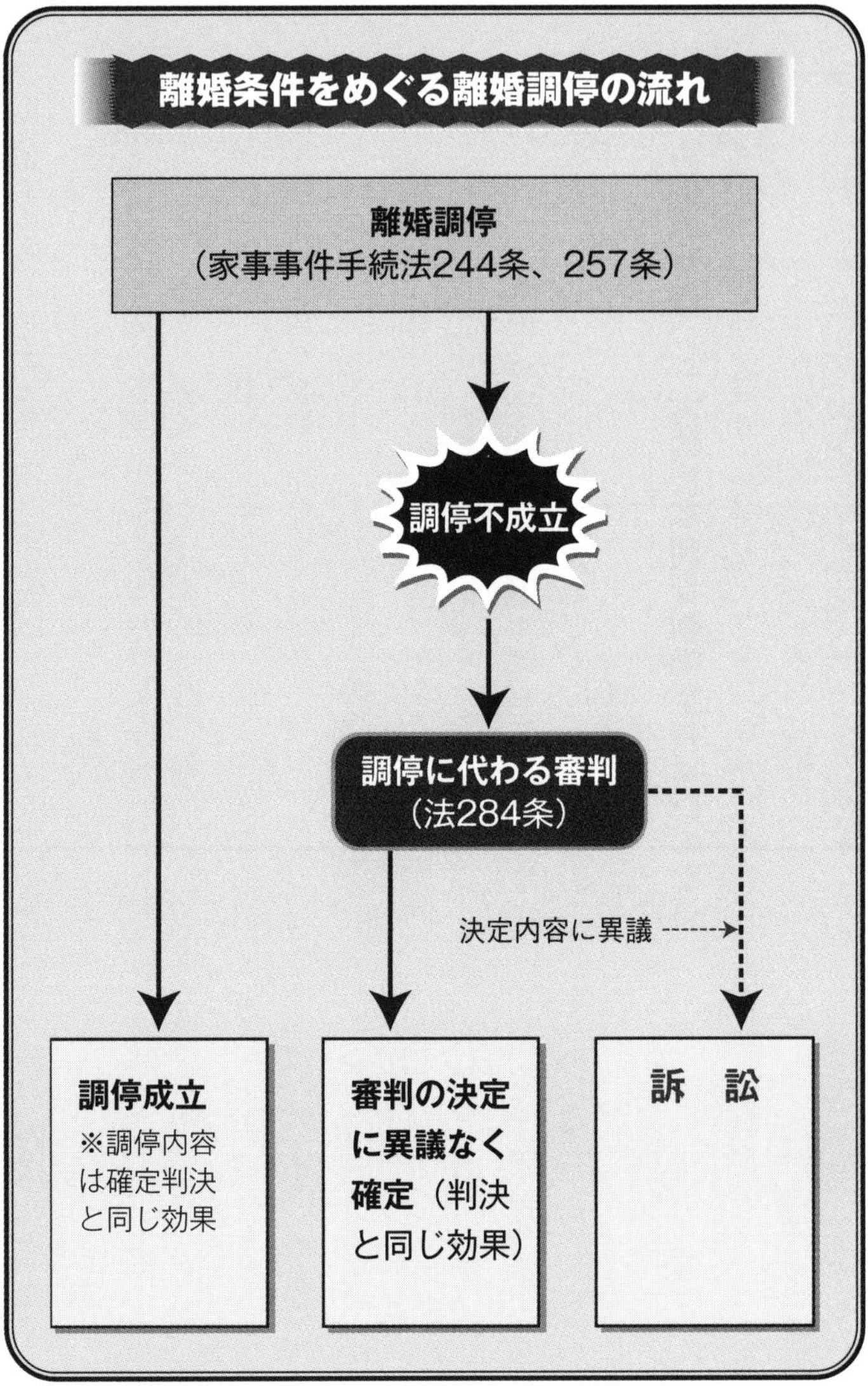
離婚条件をめぐる離婚調停の流れ
離婚調停
（家事事件手続法244条、257条）
調停不成立
調停に代わる審判
（法284条）
決定内容に異議
調停成立
※調停内容は確定判決と同じ効果
審判の決定に異議なく確定（判決と同じ効果）
訴　訟

家庭裁判所に離婚調停を申し立てればいいのです（同条2項）。未成年の子の親権者や監護者（引き取って養育する人）、養育費や面会交流についても同じで、話合いがまとまらないときは調停を起こせます（同法８１９条1項、７６６条2項。家事事件手続法２５７条、２４４条。具体的な離婚調停の流れは前頁図参照）。

調停の申立ては親権者の指定以外、離婚後でもかまいません。ただし、財産分与は離婚後2年（除斥期間。民法７６８条2項ただし書）、また慰謝料は3年（消滅時効。７２４条1号。相手方からＤＶなどを受けている場合、人の生命や身体を害する不法行為と認められれば、その部分については時効期間5年。７２４条の２）が過ぎると、以後、調停や審判、裁判での請求はできなくなります（詳しくは１１０頁参照）。

なお、離婚を急ぐあまり、不利な離婚条件を承諾しないことです。協議事項合意書などにサインした後では、新たに財産分与や慰謝料を請求するのは難しくなります。

◆調停では、一方的に不利な離婚条件は認めない

相手方の離婚条件が一方的で、自分に極端に不利な内容なら、**離婚調停**を起こせばいいでしょう。ただし、その条件が本当に不利なのか、それとも妥当な条件か判断の付かない場合は、まず信頼できる周囲の人に相談してください。それでダメなら、市

調停不成立でも自動的に審判移行も

不成立の調停事件（★印は家事事件手続法別表第2の事件）

- ●離婚請求
- ●慰謝料請求

→ 裁判にするしかない

- ★財産分与
- ★婚姻費用

→ 自動的に審判に移行する（調停に代わる審判）

- ★親権者指定または変更
- ★監護者指定または変更
- ★面会交流
- ★子どもの引渡し請求
- ★養育費請求または増減額請求など

→ 自動的に審判に移行する（調停に代わる審判）

区町村の市民法律相談などで相談したらどうでしょう。その結果、不利な条件だとわかれば、調停を申し立ててください。なお、詳しい申立ての手続きは、家庭裁判所の窓口でも教えてもらえます（インターネットでも検索可能）。

もちろん、実際の調停では、夫婦の一方に極端に不利になるような離婚条件を調停委員は認めません。一方的な条件に固執する相手方には、妥当な条件に変更するよう説得してくれます。相手方が調停委員の説得を受け入れ、新しい条件を申立人が納得すれば、調停は成立です。調停でまとまった内容は確定判決と同様の効果があり、離婚する夫婦双方は決まった条件を守らなければなりません。しかし、相手方が説得に応じなければ、調停は不成立（不調《ふちょう》という）です。

◆調停不成立でも審判に自動的に移行する

調停が不成立でもガッカリする必要はありません。財産分与や未成年の子の親権者指定、子の監護に関する処分（面会交流や養育費も含む）については、離婚の合意ができていれば、自動的に審判に移行するからです（前頁図参照）。婚姻費用の分担は、離婚の合意ができてなくても審判に移行します。家庭裁判所が、**調停に代わる審判で**具体的な判断（決定）を出してくれるのです（家事事件手続法２８４条）。決定内容は、確定判決と同じ効果があります（相手方は異議申立てができる）。

なお、たとえ裁判になっても、極端に不利な離婚条件を家庭裁判所は認めません。つまり、相手方から不利な条件を押し付けられたら、離婚調停を起こし、結果的に有利な条件を勝ち取れるようにできる、と考えてください。

ところで、離婚の話合いでは、互いに感情的になることも多く、夫が妻に、「俺の家の姓を使うな」と、旧姓への復氏を迫ったり、「この町から出ていけ」と、住居立退きまで強要するケースもあります。しかし、復氏も居住先も、決めるのは妻本人の自由です（離婚後の姓の選択は民法に規定があり、住居選択の自由は憲法で保障されている）。相手方には、そのような要求ができる何の権利もないのです。

離婚や離婚条件をめぐる話合いで、相手方から一方的に不利な離婚条件を押し付けられても慌てる必要はありません。離婚調停を申し立てればいいだけです。

POINT

一方的な離婚条件の押し付けは調停委員も認めません。調停の席で、妥当な解決策を双方に提示し、相手方を説得してくれます。

7

未成年の子の親権者が決まらないときは離婚調停を利用するのが早道である

…調停がまとまらなければ審判に移行するか訴訟提起

◆未成年の子がいる夫婦は子の親権者を決めないと離婚できない

夫婦に未成年の子がいる場合、その子の親権者に父母どちらがなるかを決め、離婚届に親権者の名前を記載しないと、市区町村は離婚届を受理してくれません（民法７６５条、７３９条2項、８１９条1項）。夫婦は、法律上の離婚ができないのです。

では、夫婦がどちらも親権者の地位を譲らない場合、どうしたらいいでしょうか。民法は「父または母の請求により、家庭裁判所は協議に代わる審判ができる」と、審判手続きによる解決を定めています（８１９条5項）。しかし、家庭裁判所では、人事に関する訴訟事件、親権者指定や子の監護に関する処分、財産分与や婚姻費用分担など家庭に関する事件は、まず調停から始める決まりです（家事事件手続法２４４条）。離婚に合意しているのであれば、親権者指定の調停を起こした方が早道でしょう。具体的には、夫婦関係調整（離婚）の調停を申し立てます（申立書では親権者の指定だけでなく離婚についても調停を求める。詳しい申立書の書き方は2章9項参照）。

◆調停不成立なら審判に移行するか訴訟を起こす

調停で話合いがまとまらない場合は審判に移行し、家庭裁判所が職権で、父母のいずれかを親権者に決めることができると定められています（**調停に代わる審判**。家事事件手続法284条）。ただ、実際には「当事者双方の衡平《こうへい》」と「一切の事情」を考慮すべしという要件を満たすのが難しく、また、せっかく審判を出しても当事者が異議を申し立てれば失効してしまうことから、審判で解決することはレアケースです。最終決着は訴訟によることが多いでしょう。

なお、子どもを引き取って一緒に暮らしたいのが最大の望みなら、相手方に親権者の地位を譲り、自分は監護者《かんごしゃ》となる妥協策もあることを忘れないでください。

POINT

相手方と離婚について合意している場合、夫婦間の話合いを続けるより、離婚調停で親権者を決める方が、解決には早道です。

8

離婚には合意したが養育費が決まらないときも離婚調停を使うと決まることが多い

…相手の収入がわかれば妥当な養育費が計算できる

◆養育費は離婚した後でも請求できる

未成年の子がいる夫婦が離婚する場合、その子が成長するまでの**養育費**の負担は、話合いで決めることになっています（民法７６６条１項）。子を引き取って養育する親（**監護者**《かんごしゃ》）は相手方に、その子の養育費を請求できるのです。この請求は離婚後でもできますし、一度決めた養育費の変更も可能です。

相手方が話合いに応じない、話し合っても合意できないというときは、家庭裁判所に調停や審判を申し立てればいいでしょう（同条2項）。ただし、まず調停から始めるのが普通です（**調停前置主義**）。夫婦が、まだ離婚していない場合は夫婦関係調整調停（離婚調停）、離婚後は養育費請求調停や養育費変更調停です（次頁図解参照）。調停が不成立でも離婚後の申立てや離婚合意ができていれば自動的に審判に移行し、家庭裁判所が養育費を決めてくれます。もっとも、調停で決まる養育費のほぼ８割は

養育費を請求する調停は

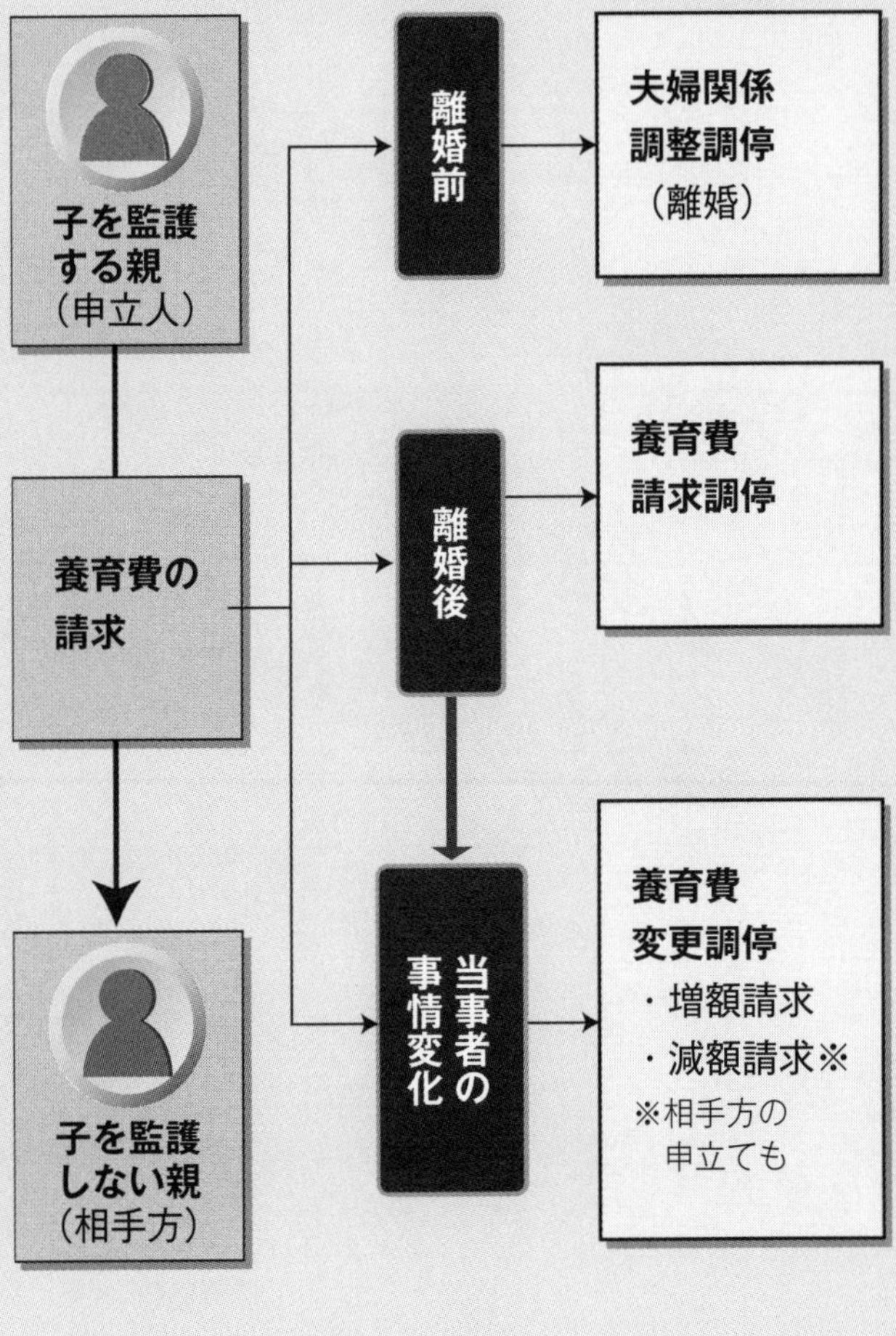

④ ②と③の交差する部分が標準的な養育費の金額です

① 養育費を必要とする子どもの数と年齢で、該当する表を選びます

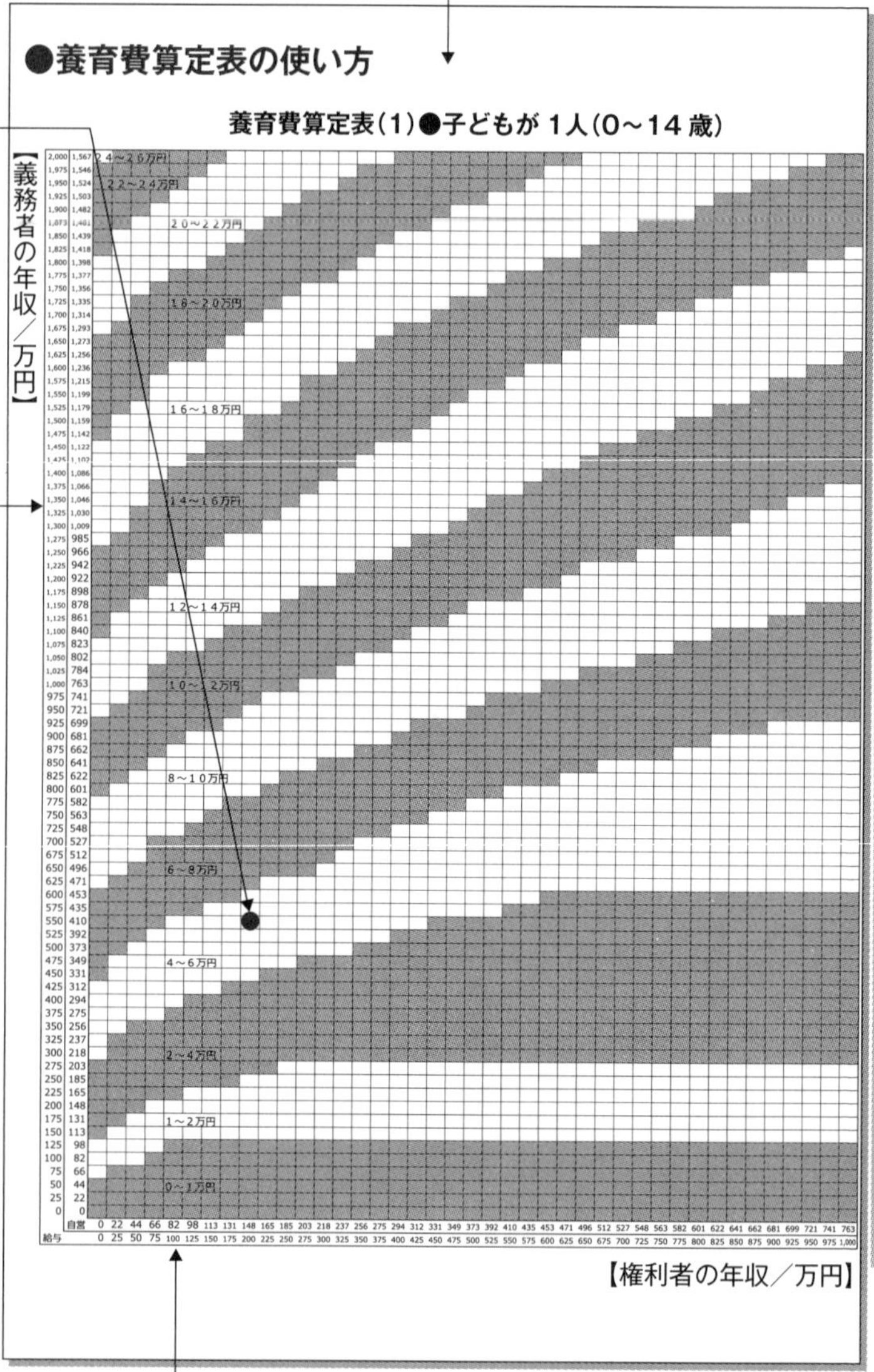

② 養育費を払う側（一般的に父親・夫）の年収の欄を探します（サラリーマンなら左側の「給与」の数字）

〈例〉元夫はサラリーマンで年収550万円、元妻はパートで年収200万円、子どもは一人で8歳／この場合には、月額4～6万円が標準的な額となります。

③ 子どもを実際に育てる側（一般的に母親・妻）の年収の欄を探します（パートなら下側の「給与」の数字）

月額8万円以下（7割弱は6万円以下）と低めです（令和4年司法版統計年報）。

◆家庭裁判所が調停の基準にする養育費算定表の金額は低めである

調停で相手方に請求する養育費の金額は、夫婦双方の生活レベルに応じて決めればいいのですが、家庭裁判所の実務では、東京・大阪の裁判官が作成した養育費算定表（前頁グラフ参照）が広く利用されています。これは、養育費が必要な子どもの数と、その年齢、監護者と相手方の職業と収入だけで、簡単に妥当な養育費を導き出せますが、その金額は市民感覚として、かなり低めです。

調停での請求額は、この算定表を修正した弁護士会の新算定表を目安にするといいでしょう（日本弁護士連合会のホームページ上で『新算定表早わかりガイド』として公開されています）。右頁の夫婦の例でも月9万円と、家裁基準より高めに出ます。

POINT

一度決めた養育費でも、元夫婦の事情や子どもの事情が変われば、当事者は養育費の増額および減額が請求できる。

9

離婚には合意したが、財産分与でもめている この場合は離婚調停を起こすといい

…結婚中に得た財産は夫婦共有財産である

◆離婚から2年以内なら、財産分与を離婚相手に請求できる

離婚した夫婦の一方は、相手方に財産分与を請求できます（民法７６８条）。慰謝料と違って、自分が離婚原因を作った（たとえば自分が浮気した）場合でも請求が可能です。話合いがまとまらない場合、家庭裁判所に財産分与を求める調停を申し立てるといいでしょう。離婚協議そのものがまとまらない夫婦は、離婚調停の中で財産分与も請求できます。ただし、財産分与の対象となるのは、相手方の財産すべてではありません。結婚期間中に、夫婦が共同で築き上げた財産だけです（次頁図参照）。

これを**夫婦共有財産**と言い、夫と妻は２分の１ずつ権利があります。離婚する際、その半分を自分の取り分として請求できるということです。たとえば、妻が専業主婦で、収入はすべて夫が稼いでいるとしても、それにより作られた資産（住宅や預貯金、自動車など）は夫婦共有財産で、財産分与の対象です。その名義が、夫と妻どちらに

夫婦の財産は誰のものか

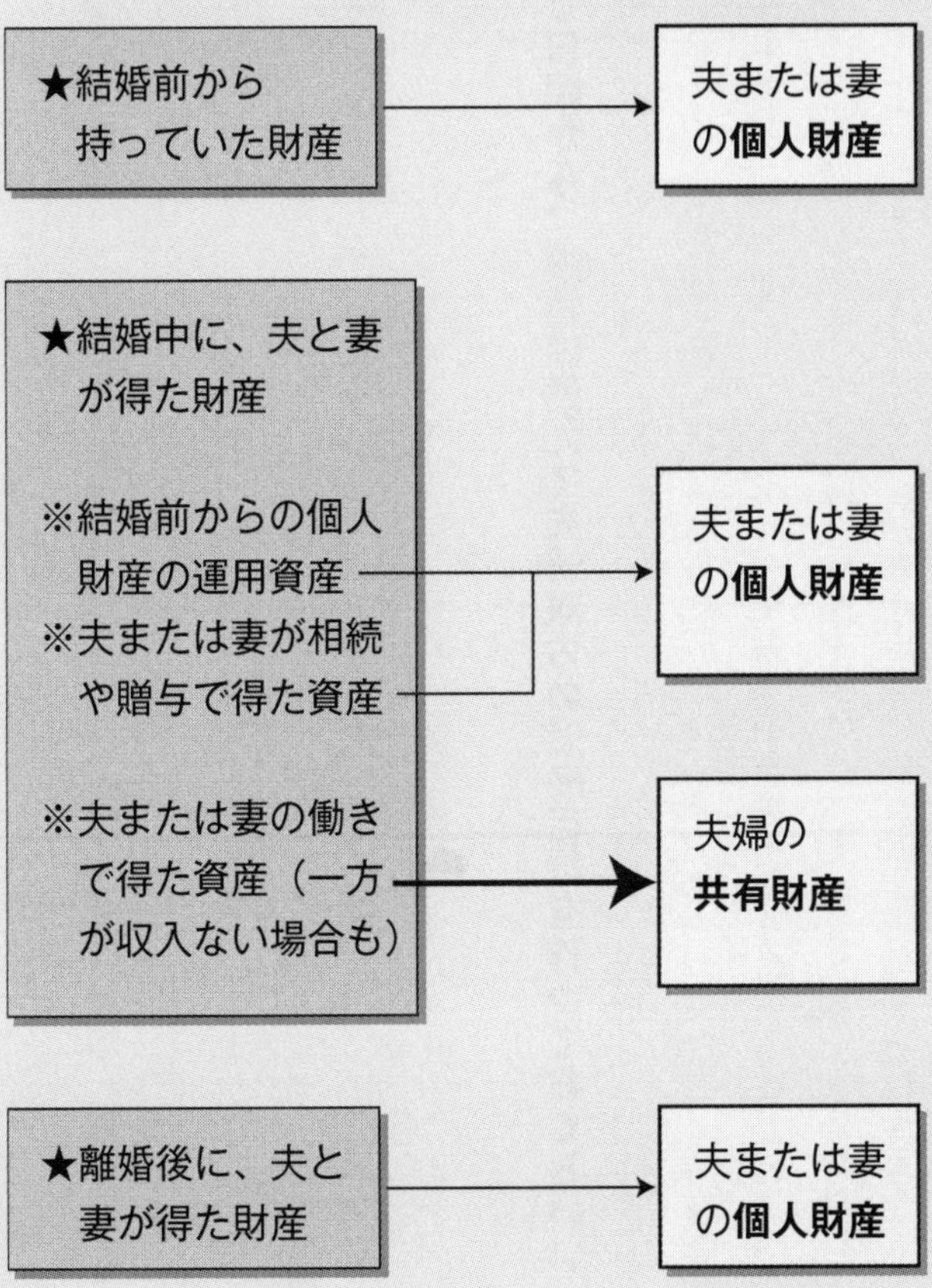

なっていても、夫婦共有財産であることに変わりはありません（ローンなどマイナスの財産も）。法律は、その資産の形成に妻の内助の功があったと考えているのです。

なお、財産分与の請求は離婚後もできますが、請求は離婚（離婚届が受理された日）から2年以内にしなければなりません（詳しくは１１０頁参照）。話合いをズルズル引き延ばして、2年が過ぎるのを待つ悪賢い相手方もいますから、注意してください。自分たちだけで話し合っても中々結論が出ないようなら、サッサと**財産分与請求の調停**を起こすことです。また、まだ離婚はしていなくても、財産分与をめぐる話合いがまとまらないようなら、やはり早めに離婚調停に切り替えることをお勧めします。

◆日頃から、離婚に備えて夫婦双方の財産目録を作っておくといい

財産分与を請求できるのは、夫婦共有財産だけです。結婚前から持っていた財産、また結婚中でも相続や贈与により得た財産は、夫や妻の個人財産（**特有財産**という）で、財産分与の対象になりません。夫婦共有財産の大半は、夫または妻の単独名義になっているものが多いと思います。もちろん、夫婦仲が円満のときは問題ありません。しかし、離婚話が起きるような険悪な事態に陥ると、単独名義は大きなトラブルを生じさせることがあります。財産分与の話合いで、自分の名義だから個人財産だと主張

し、夫婦共有財産を独り占めにしようとする相手方もいるのです。

財産分与をめぐる調停では、家庭裁判所に夫婦の財産目録を提出することになっています。しかし、預金通帳などを管理していない夫または妻は、相手方名義の資産の詳細を把握するのは容易ではありません。離婚を考えたら、まず相手方の財産や資産を把握することから始めてください。名義がどうであれ、夫婦双方の財産目録を事前に作っておくと、実際に調停を申し立てる場合に役立ちます。

なお、夫婦の共有財産については、どちらの名義であれ、また通帳など資産の管理者が相手方であっても、常日頃から可能な限り、その残高や現状を把握しておくべきです。また、相手方の収入を証明する資料として、給料明細や確定申告書のコピーを集めておくと、離婚で話し合う場合も、慌てずに済みますし、相手方のウソも見抜けます。たとえ夫婦でも、離婚届１枚で赤の他人だということは忘れないでください。

POINT

調停が不成立でも、離婚成立後であれば審判に自動的に移行し、家庭裁判所が財産分与についても決めてくれます。

10

別居中の相手と離婚話をするときは離婚調停を使う方が上手くいく

・・・調停不成立でも別居中の生活費が手に入ることも

◆話合いに応じない相手を話合いの席に付かせることができる

離婚する前から別居する夫婦は珍しくありません。離婚の合意ができているなら、事実上の離婚です。離婚届を出せば、法律上の離婚も成立します。しかし、別居した片方（たとえば妻）は離婚を望んでいるが、夫に離婚の意思はなく、話合いにも一切応じないとか、また別居の原因が夫のＤＶだった場合は、夫婦だけの話合いで離婚が決まる可能性はまずありません。こういうときは、離婚調停がお勧めです。

というのは、法律上、調停を起こされた夫は正当な理由がなければ応じないわけにいきません。家庭裁判所の呼出しを無視し調停を欠席すると、５万円以下の過料《かりょう》です（家事事件手続法２５８条１項、51条）。最終的に、離婚が成立するかわかりませんが、少なくとも夫を調停という話合いの場に引き出す効果はあります。また、ＤＶ夫相手に調停を起こす場合には、家庭裁判所は妻とＤＶ夫が顔を会わさずに済むような一定の配慮をしてくれます（詳しくは本章4参照）。相手方と話合いもできずに、ズルズル別居生活を続けるよりは、離婚調停を申し立てる方が建設的な生き方です。

◆離婚が決まらなくても婚姻費用を請求できる

夫婦は互いに助け合う義務があり、その生活費（**婚姻《こんいん》費用《ひよう》**という）も互いの収入や資産に応じて負担することになっています（民法752条）。別居中の生活費も、原則として相手方に請求できます。離婚調停を申し立てる場合、「**婚姻《こんいん》費用《ひよう》分担《ぶんたん》の請求《せいきゅう》**」も同時にしておくと、たとえ調停で離婚が成立しなくても、婚姻費用については自動的に審判に移行し、家庭裁判所が相手方の負担額（申立人に支払う金額）を決めてくれます。別居したものの、日々の生活費にも困っているという場合、離婚を求めるとともに婚姻費用についても、調停を申し立てたらいいでしょう。

POINT

別居中、離婚を求める調停を起こすときは、別居中の生活費（婚姻費用）も同時に請求するのがコツです。

11

互いに感情的になっているときは離婚調停を起こした方がいい

…調停委員が間に入ることで冷静になれる

◆感情的になると、まとまるものもまとまらない

離婚の9割近くは協議離婚ですが、互いに感情的になって、なかなか話がまとまらない夫婦もいます。この場合、夫婦だけで話を続けても、こじれるだけです。離婚したいなら、話合い（協議）による解決を諦め、離婚調停にした方がいいでしょう。

家庭裁判所の家事調停室で、相手方と別々に自分の言い分を聞いてもらえるので、夫婦が直接話し合う場合と比べ、感情的になることは減るはずです。誰でも比較的、冷静になれると思います。ただし、調停時間は一般的に、1回2時間ほどです（裁判所や事件の内容で異なる）。調停委員と話ができる時間はその半分にもなりません。

申立てから調停の当日まで、半月から1か月ほどの余裕がありますので（家庭裁判所から呼出状が来る）、それまでに調停の席で主張する要求や自分の言い分をまとめておくといいでしょう。また、相手方がどんな主張をしてくるか、その言い分を予想し、

反論なども考えておくことです。準備をしておくと、調停委員に対し、キチンと説明でき、また相手方の言い分が間違いでも、感情的にならずに冷静な反論ができます。

◆相手方を誹謗中傷するだけでは何も解決しない

夫と妻の言い分が食い違う場合、調停委員は感情的にならずにキチンと説明でき、時には自分の非を認めるような人の意見に耳を傾けがちです。また、その人には調停を成立させる意欲があると考えます。しかし、自分の言い分が少しでも否定されると感情的になったり、相手方を一方的に誹謗中傷《ひぼうちゅうしょう》する人は、本気で調停を成立させる気はないと判断するようです。当然、その言い分に対する見方も厳しくなります。

よく「離婚調停は調停委員を味方にできるかどうかが勝敗の分かれ目」と、言われますが、相手方の悪口では、調停委員を味方にできません。

POINT

夫婦だけで話し合うと、感情的になり何も決まらないことも少なくありませんが、調停だと冷静に対応できるケースも多いようです。

12 離婚したくない、夫婦仲を修復したい そんなときも調停を使うといい

…夫婦関係円満調整の調停を申し立てる

◆夫の浮気で揉める夫婦仲を取り持つのに役立つ

どんなに仲のいい夫婦でも、長い間には一度や二度、離婚の危機が訪れます。問題は、どうやってその危機を乗り越えるかです。たとえば、夫が愛人宅に入りびたりになり、まったく家庭を省《かえり》みなくなったとします。妻が夫に、愛人と別れて家族の元に戻るよう頼んでも夫が聞き入れてくれず、しかも生活費も入れてくれなくなったら、専業主婦の妻は途方にくれるでしょう。また、定年退職した途端、妻から離婚を切り出され、その理由がわからず困惑する夫だっています。こんなとき、妻や夫が離婚を望むなら、話は簡単です。双方が離婚届にハンを押せば、協議離婚が成立します。

しかし、妻や夫に別れる意思がなければ、話合いでは解決しません。こんなときは、夫婦関係の修復を求める**夫《ふう》婦《ふ》関《かん》係《けい》円《えん》満《まん》調《ちょう》整《せい》の調停《ちょうてい》**を起こせばいいのです。申立書は、離婚調停と同じものを使います（第2章9項参照）。調停委員が、当事者の夫と妻か

らその言い分を交互に聞きながら話合いを進めていくのも、離婚調停と同じです。ただし、相手方が愛人との関係解消や妻との同居を拒否した場合、それを強制することはできません。また、相手方が調停の席で、離婚を切り出してくることもあります。

◆相手に婚姻費用を請求することもできる

この調停は、相手方の浮気などにより、ギクシャクしてしまった夫婦関係を円満に戻すためのものですが、相手方が生活費を入れてくれない場合には、同時に婚姻費用《こんいんひよう》の分担を請求することもできます。調停が不成立で夫を取り戻せなくても、婚姻費用については自動的に審判に移行し、家庭裁判所が判断（決定）を下すこともあるので、夫が生活費を入れなくなった場合は、その請求も申立ての趣旨に加えてください。

なお、この調停は、内縁関係《ないえんかんけい》の夫婦でも利用できます。

POINT

相手方の浮気などで夫婦関係がギクシャクした場合、夫婦仲を元に戻すには、夫婦で話し合うより夫婦関係円満調整の調停が効果的です。

13

結婚中に起きた夫婦の揉めごとは離婚した後でも調停が使える

…財産分与や慰謝料には時効がある

◆離婚条件が決まらなくても離婚を急いだ方がいいときもある

法律上の離婚は、夫婦が離婚届を市役所や区役所に届け出て受理されれば、成立します。しかし、新婚早々ならともかく、実際に離婚をする夫と妻は、離婚届を出せば終わりとはいきません。離婚するに当たり、決めなければならないことが数多くあります。たとえば、２人の新しい住まいや結婚生活で増えた家財道具の処分などです。

もっとも、法律上問題になるのは、①子どもの問題、②お金の問題、そして③離婚後の姓をどうするかです（次頁図参照）。なお、①と②を離婚条件と言いますが、その内容で揉めて、離婚の話合いがまとまらないことも少なくありません。しかも、夫婦に未成年の子がいる場合、父母どちらが親権者《しんけんしゃ》になるか決めないと、役所は離婚届を受理してくれないのです。離婚条件は、できれば離婚するまでに決めておきたいことですが、未成年の子の親権者以外、離婚後に話し合ってもかまいません。

●離婚までに決めておきたいことは

①子どもの問題（未成年の子がいるとき）
・親権者の指定（決めないと離婚できない）
・監護者の指定（親権者でない親が引き取るとき）
・面会交流の具体的な内容（回数、場所など）
・養育費（②を参照）

②お金の問題（離婚給付という）
・財産分与（夫婦共有財産の分配。42頁参照）
・慰謝料（離婚原因を作った側からは請求できない）
・養育費（一括払いか、月極めかなど。38頁参照）
・別居中の生活費（婚姻費用）の分担
※お金の問題では、他に年金分割の取決めもある

③離婚後の姓（結婚により夫婦の姓に変えた人）
・旧姓に戻すのが原則（復氏）・・・３か月以内に、「離婚の際に称していた氏を称する届」を出せば、離婚後も夫婦の姓が使える（相手方の承諾不要）

④その他の取決め（次項参照）
・住宅ローンなど借金の連帯保証人の辞退
・相手方の事業の役員の辞退

たとえば、夫からＤＶ被害を受けていて身の安全上すぐにでも離婚したいときや、相手方が離婚以外の話合いに応じない（いくら話し合っても離婚条件が決まらない）ときは、とりあえず離婚して、離婚後に財産分与などを要求するのも一つの手です。

◆相手が話合いに応じなければ調停を申し立てればいい

財産分与や慰謝料、養育費などの離婚給付は、必ず請求しなければならないというものではありません。中には、離婚さえできれば、お金なんか1円もいらないという人もいます。しかし、離婚の際、相手方に請求しなかったからといって、その権利を放棄したことにはなりません（離婚合意書などで請求権を放棄していれば別ですが）。離婚後、やはり財産分与や慰謝料などをもらいたくなったら、遠慮なく相手方に請求すればいいのです。また、子どもの問題では、離婚前に合意した取決めの内容を変更するように求めることもできます（離婚後、相手方にどんな請求ができるかは、次頁の図の通り）。

なお、相手方が話合いに応じないときは、家庭裁判所に調停を申し立てればいいのです（具体的な申立ての手続きや申立書の書き方は第2章9項以下参照）。調停がまとまらず不成立となっても、財産分与や養育費、子どもをめぐる問題の多くは自動的

●離婚後でも相手方に請求できることは

①未成年の子をめぐる問題

・親権者の変更※　・監護者の指定または変更※
・子の引渡しの約束を相手方が守らないとき※
・子どもとの面会交流※
・面会交流の約束を相手方が守らないとき※
・養育費の請求または養育費変更（増額、減額）の請求（支払方法の変更なども）※

②お金をめぐる問題

・財産分与（離婚から２年以内に申立て必要）※
・慰謝料（離婚から３年で時効。32頁解説参照）
・養育費（①参照）※
・別居中の婚姻費用（財産分与に含めるのが普通）※
・年金分割（割合）の取決め※
　離婚から２年以内に申し立てる必要がある

※調停不成立なら自動的に審判に移行する

▶調停や審判で取り決めた財産分与や養育費を払わない相手方には、家裁に申し出て、履行勧告や履行命令を出してもらえるに審判に移行し、家庭裁判所の裁判官が審判手続きの中で、夫婦双方の事情を考慮して、具体的な判断（決定）を下してくれます。ただし、慰謝料《いしゃりょう》については、調停不成立の場合、家庭裁判所に改めて裁判（訴訟）を起こすしかありません。また、財産分与は離婚から2年、慰謝料は3年以内に調停を起こす必要があります（前頁図②、32頁参照）。離婚後の請求は行使期限（除斥《じょせき》期間《きかん》や時効期間）に注意してください。

◆相手が約束を守らないときは履行勧告や履行命令が出る

調停や審判で取り決めた財産分与や養育費を払わない相手方には、家庭裁判所から**履行《りこう》勧告《かんこく》**や**履行《りこう》命令《めいれい》**を出してもらえます（申出が必要）。しかし、強制力はありませんから、最終的には、強制執行で相手方の財産を差し押さえる必要があります。なお、相手方が支払うまで、一定のペナルティーを科す**間接強制**の制度もできました。

POINT

財産分与や慰謝料、子どもとの面会交流などは、離婚後でも請求ができます。話合いがまとまらなければ、調停を申し立てることです。

14

夫婦関係が破たんしていても離婚調停にしない方がいいときもある

…話合いで解決できるのが一番である

◆相手が誠実に話合いに応じているときは慌てて調停を起こす必要はない

離婚の話合いがまとまらないからといって、何が何でも離婚調停を起こせばいいというわけではありません。長年結婚生活を続けてきた夫婦の間には、子どもの問題やお金の問題など、離婚に当たって、解決しなければならない問題が数多くあります。その一つ一つを解決するには、それなりの時間が必要です。もちろん、サッサと離婚して、後から話合い（協議）や調停で解決を図るという方法もあるでしょう。

しかし、相手方が話合いに応じ、あなたの言い分にも誠実に耳を傾けてくれる場合には、無理に離婚調停を起こす必要はありません。多少の時間はかかっても、話合いを続けることです。慌てて離婚調停を申し立てたため、かえって相手方が頑《かたく》なになり、折り合いがつかなくなるということもあります。また、すでに別居している場合も、安定した収入があるなら、時間をかけて有利な離婚条件を引き出すのも手です。

◆住宅ローンの連帯保証人は離婚しても辞退するのは難しい

離婚する夫婦は解決しなければならない問題が多いと言いましたが、住宅ローンもその一つです。夫婦が住宅ローンを使って自宅を購入した場合、自宅が夫名義なら、ローンの債務者は通常夫ですが、妻も**連帯《れんたい》保《ほ》証人《しょうにん》**になっているケースがほとんどだと思います。しかし、銀行は離婚を理由に、妻を連帯保証人から外してはくれません。自宅を売って住宅ローンを完済するか、別の連帯保証人を立てる（銀行の承認必要）以外、妻は離婚後も元夫の債務を負担する義務を免れないのです。

また、夫が事業主の場合、仕事を手伝ってもいないのに、共同経営者となっている妻もいます。離婚するときは、その地位を辞任し、登記上から外れていないと、後々面倒に巻き込まれることもあるのです。このような問題は、調停にするより、夫婦で話合いをした方が解決しやすい場合もあります。

POINT

相手方が、あなたの話に真摯《しんし》に耳を傾けてくれるなら、慌てて離婚調停を起こす必要はありません。話合いを続けることです。

第2章

離婚調停で勝つには事前の準備が重要！

★離婚以外に何を求めるのかも決めておく

★調停の申立書はダウンロードできる・ほか

離婚の際に、
決めてない
離婚条件

決めてない条件求める
調停※
【時効】慰謝料３年
財産分与２年

決めてある
離婚条件

条件変更求める調停※
・親権者、監護者変更
・面会交流内容変更
・養育費増減額など

夫婦関係調整（離婚）の調停申立て※
・離婚を求める他、以下も同時に請求できる
・子の親権者、監護者の指定　・面会交流
・養育費　・慰謝料　・財産分与など

※調停は家庭裁判所に申し立てる

相手方からＤＶ
被害受けている

地方裁判所に保護命令
を求める（上記の調停
も同時に申し立てる）

●離婚調停の申立ての流れ

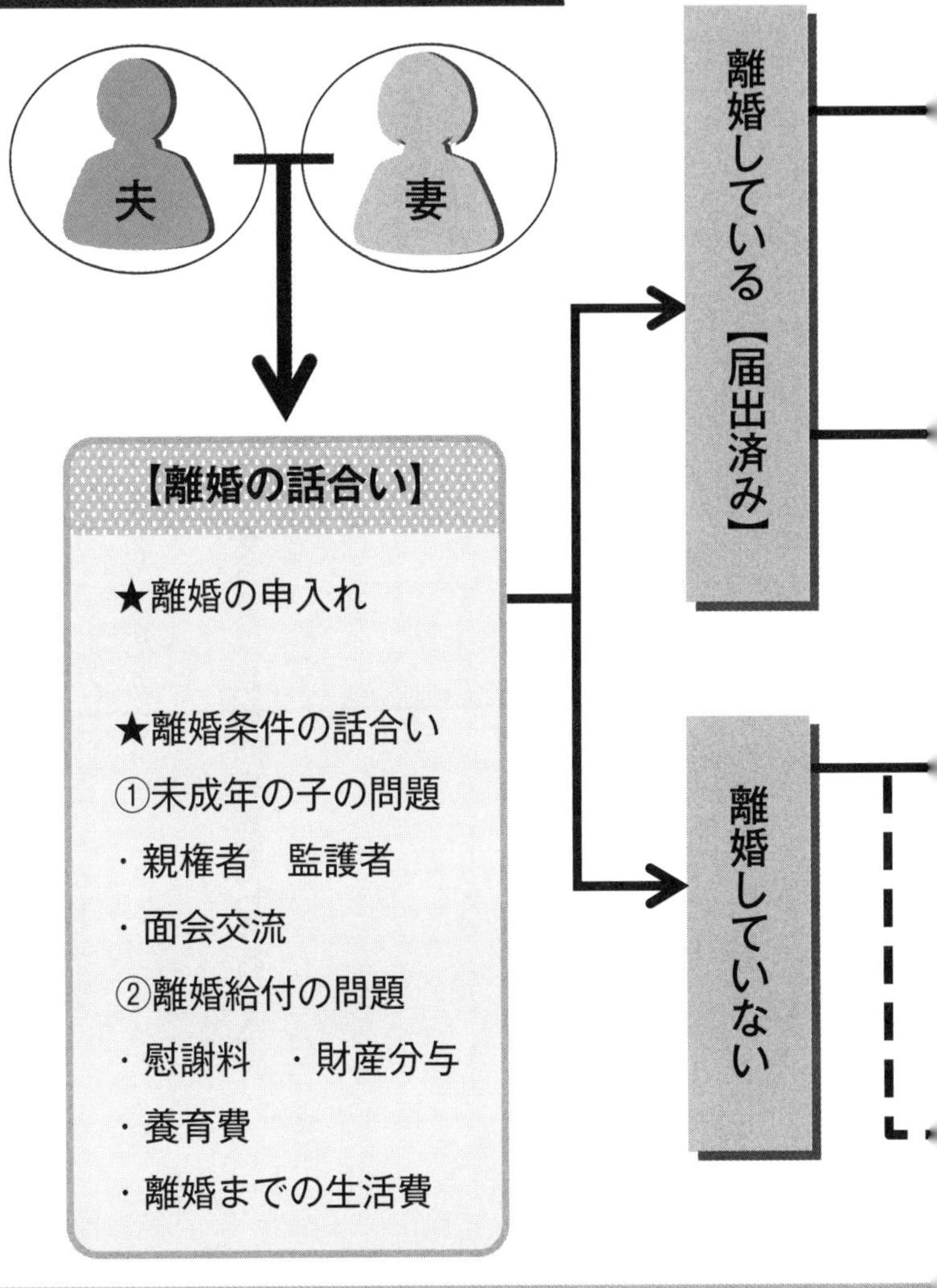

1

離婚調停を起こすときは、相手に要求するお金や子どもの問題も一緒に申し立てる

…離婚後に申し立てるより面倒がない

◆離婚が決まれば、財産分与や養育費は自動的に審判に移行する

相手方が離婚に応じない、互いに離婚はＯＫだが財産分与や親権者《しんけんしゃ》の問題で揉《も》めて離婚話がまとまらない、そんな場合には、家庭裁判所に離婚を求める**調停**（**夫婦関係調整調停＝離婚調停**）を起こせばいいと、前章で紹介しました。

この場合、離婚だけを求めてもかまいませんが、財産分与や養育費、親権者の指定など離婚をめぐる様々な条件も、同時に調停を求めるのが普通です。もちろん、離婚以外の問題は、親権者指定を除けば離婚後でも調停が起こせます（未成年の子がいる夫婦は、子の親権者を決めないと離婚ができない＝市区町村は離婚届を受理しない）。しかし、離婚調停を申し立てるとき、離婚をめぐるお金（**離《り》婚《こん》給《きゅう》付《ふ》**という）や子どもの問題（次頁表参照）も同時に調停してくれるよう手続きをしておく（調停申立書の「申立ての趣旨」の欄に記載するだけでよい）と、後々面倒がありません。

●調停で離婚と一緒に求めることは

①お金（離婚給付）の問題

・**財産分与**：夫婦共有財産（結婚期間中に夫婦で築いた財産）の原則５割まで要求可
※離婚原因作った側も請求できる

・**慰謝料**：相手方に離婚原因がある場合に請求

・**養育費**：子どもを引き取った方が請求

・**別居中の生活費など婚姻費用**（夫婦分担が原則）
自分にも収入があれば不足額を要求

・**年金分割割合**：第３号被保険者だった期間のみ請求が可能（上限５割）

②子どもの問題（未成年の子がいるとき）

・**親権者の指定**：決めないと離婚できない

・**監護者の指定**：子の親権は相手方に譲り、同居し養育する権限のみを得ることも可

・**面会交流**：子を引き取らなかった親は原則要求できる（回数や時間も決めておく）

③その他の問題

・相手方の借金や賃貸借契約の連帯保証人の辞任
※債権者の同意も必要

・相手方の事業の名目上の役員の辞任

というのは、調停で離婚が成立した場合、「申立ての趣旨」に記載した他の問題は、調整がつかなくても（調停不成立）、お金の問題では慰謝料以外（財産分与、養育費、別居中の生活費など婚姻費用、年金分割の割合）、家庭裁判所の判断で自動的に審判に移行できるからです（裁判官が離婚する夫婦双方の事情を考慮して、審判で支払いの有無やその金額も決める）。また、子どもの問題も、同様に審判に移行します。

なお、審判の結論（決定）に不服なら異議を申し立てることもできますが、審判が確定すると、その効果は調停同様、確定判決と同じです。

◆「とにかく離婚」はＮＧ。他に調停にすることがないか検討を

財産分与や慰謝料、養育費や面会交流など離婚をめぐる条件は、離婚後でも要求ができます。しかし、相手方が応じなかったり、互いの言い分がかけ離れている場合、当事者間の話合いで解決するのは難しいでしょう。その要求の実現には、また調停を起こすしかありません（いきなり裁判にはできない）。しかも、その申立先は離婚した相手方の住所を管轄《かんかつ》する家庭裁判所（原則）です。相手方が遠隔地に住んでいる場合、移動の時間や出費を覚悟しなければなりません（裁判所へ出向く負担を軽減するため、調停期日に電話会議やテレビ会議により手続きを進めるシステムも創設された。家事

事件手続法258条1項、54条）。離婚できれば何もいらないという人はともかく、いずれ離婚給付や子どもの引渡しなども要求するつもりなら、離婚調停の中で一緒に要求しておくと、後々面倒がありません。これも、調停を起こす前の大事な準備です。なお、相手方の借金（債務）の連帯保証人になっていたり、事業の名目上の役員になっている場合も、その辞任について調停内容に入れておくといいでしょう。債権者の同意がなければ連帯保証人を外れることはできませんが、このような事情は調停を有利に進めるのに役立ちます。

ところで、離婚調停を申し立てる人の中には、「とにかく離婚できればいい」と、他の離婚条件について、深く考えずに手続きをしてしまう人もいます。しかし、これは問題です。離婚以外の要求内容も、後で後悔しないよう事前に十分検討してから申し立ててください。取決めが必要な内容は、すべて申立書に記載すべきです。

POINT

離婚調停を起こすなら、離婚だけでなく、財産分与や慰謝料、養育費、面会交流も同時に求めておくと、後々面倒がありません。

2

離婚調停がいいか、話合いを続けるべきか その判断は損得を計算してから出すといい

…時間がかかっても話合いを続けた方がいい場合も

◆相手に経済力がなければ、離婚調停で財産分与や慰謝料を求めてもムダ

お互い離婚には異存ないが、お金や子どもの問題で揉《も》め、なかなか離婚届にハンが押せないという夫婦がいます。この場合、夫婦間の話合いがまとまらなければ、離婚調停を起こすのがいいと、これまで何度も説明してきました。しかし、いつでも調停にするのがいいのかというと、必ずしもそうとは限りません。

たとえば、相手方に経済力がなければ、慰謝料や養育費を求める調停は成立しない可能性が高いでしょう。相手方が支払いを約束、調停が成立しても、無収入や無資力なら、その約束は画に描いた餅です。法律上、家庭裁判所から**履行勧告**《りこうかんこく》や**履行命令**《りこうめいれい》を出してもらえますが、現実には約束のお金は取れません。また、**夫婦共有財産**がなければ、財産分与の請求もできません。夫婦共有財産があっても、その額がわずかなら、調停にかかる手間や費用を考えると、結果的に赤字になることもあるのです。

こんな場合まで調停を起こす必要があるでしょうか。答えはＮＯです。離婚給付は離婚後も請求できますから、相手方に経済力がなく、調停にしても赤字になりそうなときは、まず離婚だけ優先させてください。ただ、離婚後も相手方と話合いは続け、先方に経済的な余裕ができたら、そのとき調停を起こしてもいいのです。

◆子どもとの面会交流は、できるだけ離婚するときに決めておく

夫婦間の話合いを続けるか、離婚調停を起こすかどうかは、その損得を計算の上、冷静に判断してください。離婚調停を起こす前に、離婚以外にも調停にできることがないかどうか検討が必要だと、前項で説明しましたが、このように、**費用対効果**の面から調停中立ての是非を検討することも重要なのです。ただし、調停にせず**協議離婚を選んだ**場合、子どもの問題は後送りにせず、同時に決めておくことを勧めします。

POINT

相手方に経済力がなければ、財産分与や慰謝料など離婚給付の問題は棚上げし、まず離婚の成立のみを優先させるといいでしょう。

3

浮気の証拠やＤＶ被害の相談メモなどがあると離婚調停は有利になる

・・・夫婦関係や共有財産のわかるメモや資料を集めておこう

◆離婚を考えたら、調停に備えて自分に有利な証拠を集めておこう

夫から日常的に暴力を振るわれる、妻が家を出て不倫相手と同居したなど、相手方に明確な**離婚事由**《りこんじゆう》（民法７７０条）があっても、いきなり裁判にはできません。夫婦間の話合いで離婚を決められなければ、まず離婚調停を起こすしかないのです（**調停**《ちょうてい》**前置主義**《ぜんちしゅぎ》・家事事件手続法２５７条）。調停とは家庭裁判所で行う話合いですが、その勝敗は調停委員を味方にできるかどうかにかかっています。

調停委員は事前に、調停申立書の「申立ての趣旨」や「申立ての理由」、事情説明書の「離婚に至るいきさつ・動機」、また相手方の答弁書《とうべんしょ》などで、夫婦それぞれの言い分を読んではいますが、そこに記載された事実が正しいかどうか、それだけで判断するわけではありません（具体的な記載内容は92頁、94頁のサンプル参照）。調停の場で、本人と会い、その言い分を聞いて判断します。調停を有利に進めるには、調停

離婚トラブルで有利な証拠になるのは
（夫に離婚原因がある場合）

【夫のDV】
・医師の診断書
・警察、配偶者暴力相談支援センターの相談記録、相談メモ
・暴力の日時、回数、状況のメモ（ケガや壊れた物の写真）
・録音や録画（自宅や自室などは隠し撮りも原則可）

【夫の浪費、借金】
・家計簿、夫婦の預金や資産のメモなど
・夫婦の収入明細
・カード、借金の明細
・債権者からの督促状

【夫の親族との不和】
・親族からの嫌がらせメール、録音
・嫌がらせの状況メモ

【夫の不倫や浮気】
・浮気現場の録画録音
・夫のメール
・夫や愛人との交渉のメモ、録音
・探偵の報告書

※盗撮、盗聴など違法な録画や録音は証拠にならない
※メール盗み見も同様
※不正アクセスは犯罪になる

委員に「あなたの言い分の方が正しい」「常識的な要求だ」と、納得してもらえるか否かです。いくら話合いの場とはいえ、法律や裁判と無縁の一般人にとっては、裁判所の調停室に呼ばれることは大変なプレッシャーでしょう。調停委員からあれこれ聞かれて、しどろもどろになってしまうこともあると思います。しかし、あらかじめ質問を予測し、答えられるよう考えをまとめておいたり、必要な医師の診断書や相手方とのやり取りのメモなど証拠（前頁図参照）を準備しておけば、調停の席で慌《あわ》てることはありません。調停委員の質問にも、ハッキリ、テキパキと答えられるはずです。

離婚を考えたら、夫婦間の話合いと並行して、離婚調停や離婚裁判に備え、必要な証拠を集めておくといいでしょう。

◆盗聴や盗撮、メールの盗み見や不正アクセスは調停でもマイナス効果

「証拠」というと、難しく考えがちですが、ようは夫婦関係が破たんし離婚に至ったいきさつ、離婚調停を起こした動機、離婚給付や子どもの引取りなど相手方への要求の根拠を証明できるものであれば、公的な証明書（医師の診断書や銀行の残高証明書）でも、録音録画したものでも、あるいはメモ書きでもかまいません。

ただし、盗撮や盗聴、メールの盗み見など違法な手段で集めたモノは証拠能力があ

りません。また、相手方の携帯電話やパソコンのパスワードを不正取得し、そのパスワードで相手方のメールを開くと、**不正アクセス禁止法**（不正アクセス行為の禁止等に関する法律）などの法律に違反します。その事実に気づいた相手方から訴えられると、夫婦でも刑事罰を受ける怖れがあるので注意してください（３条、４条）。

また、別居中の相手方やその浮気相手の住まいや勤務先などに忍び込み、盗聴器やカメラを仕掛ける行為は、**住居不法侵入罪**（刑法１３０条）や**器《き》物《ぶつ》損《そん》壊《かい》罪《ざい》**（２６１条）に該当することがあります。実際、別居中の妻の浮気現場を押さえようと自分名義の自宅（夫婦仲が悪くなり、夫が家を出ていた）に侵入し、住居不法侵入罪で有罪判決（罰金）を受けたという夫もいます。当然、違法な手段で入手した証拠は調停でも使えません。調停委員の心証も悪くなります。違法な証拠集めは絶対にしてはいけません。

POINT

夫婦仲が悪くなったら、離婚調停に備えて、離婚のいきさつや自分の言い分を調停委員に認めさせる証拠を集めておくことです。

4 離婚の話合いをするときは録音やメモを忘れずに

…離婚調停で自分の言い分が正しいことの証明になる

◆録音やメモがあると、調停で「言った」「言わない」の水掛け論を防げる

離婚については、夫婦間の話合い（協議《きょうぎ》という）だけで決められます（**協議離婚**《きょうぎりこん》という。民法７６３条）。本人同士が合意すれば、法律上、家族や周囲が、それを止めることはできません。なお、とりあえず離婚調停を起こすこともできます（いきなり審判や訴訟にはできない＝必ず調停から始める）が、ＤＶやその恐れがある場合を除けば、まず夫婦間で離婚の話合いをするのが普通でしょう。ただし、話合いは必ずまとまるとは限りません。常に、次のステップ（**離婚調停**《りこんちょうてい》）も念頭に置いて、話合いを進めることです。離婚話が出た時点で、すでに離婚調停も始まっていると考えてください。

話合いは、感情的にならずに冷静にしなければならないのは言うまでもありませんが、最も大切なのは、**話合いの様子や内容を必ず録音やメモに残す**ということです。

離婚（夫婦関係の解消）するとなると、夫婦の間には決めなければならない項目が

数多くあります（53頁図参照）。一度の話合いで、そのすべてを合意できる夫婦は稀《まれ》でしょう。ただ、一度で決まらないと、話合いが紛糾することも少なくありません。合意内容を文書にすることはできますが、話合いの途中では口約束です。それまでの合意内容を途中で覆すと、「言った」「言わない」と、水掛け論になってしまいます。

　このようなトラブルを防ぐためにも、離婚の話合いは必ず録音することをお勧めします。できれば互いに了解の上、その様子を録音するのがベストです。しかし、相手方が了解しないとき、了解しないと思われる場合には、無断録音も止むを得ません。もちろん、違法な手段での録音は論外です。なお、録音が無理な場合には、話合いの要点、とくに相手方の言い分や提示された離婚条件、話合いの雰囲気などを、出来る限り詳しくメモなどに書きとめてください。話合いの場では簡単なメモしか取れなくても、後でまとめておけば、より効果的なものになるはずです。

　この録音やメモは、夫婦間の話合いがまとまらずに離婚調停になった場合、大いに役立ちます。これがあると、調停委員の質問（申し立てた動機やいきさつ、要求内容の根拠など）にも戸惑わずに答えられるでしょう。また、相手方の非や自分の言い分の正しさを証明する材料にもなります。なお、相手方が離婚条件を提示してきた場合、メモでかまいませんから、必ず書面でもらっておくことです。後々証拠になります。

◆夫婦間の話合いのときから離婚調停は始まっている

離婚は、夫婦間の話合いにより結論が出せるのが一番です。実際、離婚した夫婦の9割近くは協議離婚です。しかし、残りの夫婦は、調停離婚や裁判離婚など家庭裁判所の手続きを利用して離婚しています。また、協議離婚をした夫婦でも、財産分与や慰謝料、養育費などの離婚給付や面会交流など子どもの問題については、調停などを利用する人も少なくありません。

そこで、離婚の話合いが始まったら、常にその後に起こるかもしれない離婚調停や離婚訴訟を念頭に置いて、相手方との話合いを進めてください。もちろん、協議離婚が成立すれば、それに越したことはありませんが、夫婦双方がそれを望んでいても、離婚の話合いは必ずしも上手くいくとは限りません。話合いの録音やメモも、そんな場合に備えての準備なのです。

POINT

夫婦間で離婚の話合いをする場合、その様子を録音するか、メモを取るか、必ずしてください。後日、調停などで利用できます。

5

調停を起こす前に夫婦の共有財産と離婚相手の財産について調べておく

…相手の資産隠しを防ぐ効果がある

◆相手に資産がなければ財産分与も慰謝料も取れない

離婚する場合、夫婦の一方が相手方に金銭的な要求をすることがあります（双方が要求し合う場合も）。これを**離婚給付**《りこんきゅうふ》といい、具体的には、①**財産分与**（結婚期間中に夫婦で築いた資産＝夫婦共有財産の分配）、②**慰謝料**《いしゃりょう》（浮気など離婚原因を作った側が支払う）、③**養育費**（未成年の子を引き取り養育する側が要求できる）、④**離婚までの生活費**（婚姻費用《こんいんひよう》の分担）、です。

ところで、夫婦の財産には夫婦共有財産の他、夫および妻の個人財産（特有財産という）もあります。これは、夫や妻が結婚前から持っていた財産、結婚後に相続や贈与で得た資産です。この個人財産は、原則として**財産分与**の対象にはなりません（次頁表参照）。ただし、相手方が不当に夫婦共有財産を浪費した場合などは、その個人財産も財産分与の対象にできると考えます。なお、財産分与は離婚原因を作った側か

財産分与や慰謝料は個人財産から取れるか
（夫の浮気が離婚原因で、妻が請求する場合）

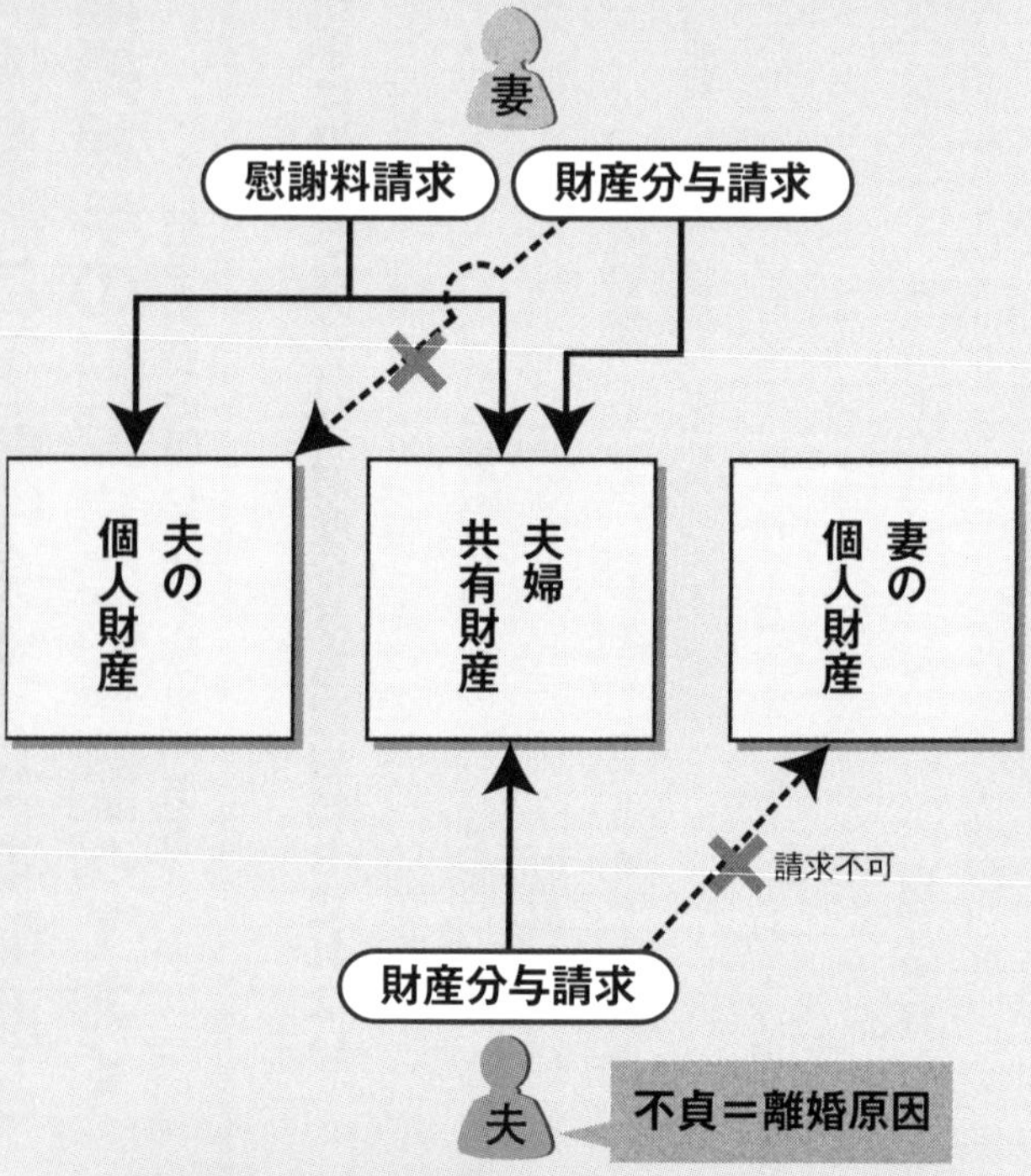

※財産分与が個人財産（特有財産という）から払われることは、原則ありません。なお、財産分与は慰謝料とは違い、離婚原因を作った側からも請求できます。

らも請求できます。たとえば、妻の浮気が原因で離婚することになった夫婦の場合、夫は妻に慰謝料を請求できますが、一方、妻も慰謝料額よりはるかに多額の財産分与を夫に請求できるわけです。たとえ妻が専業主婦だとしても、「財産は、すべて自分の稼ぎで作ったもので、個人財産だ」という夫の主張は、法律上認められません。

もっとも、これは相手方に財産がある場合の話です。なければ、慰謝料も財産分与も取れません。離婚話が始まると、個人財産も夫婦共有財産も隠してしまい、請求を受けても「金がない」と、一切支払いに応じない狡い相手方もいるのです。

こういう人間は離婚調停の場でも、正直に自分の収入や隠した財産を開示することはまずありません。「金がない」というウソを突き崩すには、離婚調停を申し立てる側が相手方の財産状況を調べて、調停委員に説明するしかないのです。

◆いざというときに備え、相手方の財産は常日頃から把握しておく

夫婦が離婚する場合、十分な収入や個人財産のない妻（または夫）にとって、相手方から財産分与や慰謝料をいくらもらえるかは、離婚後の生活を大きく左右します。夫婦の話合いや離婚調停で相応の財産分与などをもらうためには、日頃から夫婦共有財産がいくらあるかだけでなく、相手方の個人財産も調べて把握しておくことです。

●離婚調停を起こす前に、調べておきたい
夫名義の財産や収入とは（妻が申立人）

【夫婦共有財産】…財産分与の対象
①**自宅**（地番、広さ、名義＝共有名義の物件は持分、住宅ローンの有無と残高、ローンの連帯保証人）
②**預貯金**（銀行支店名等、預貯金種類、口座番号、残高、口座の名義人、口座の管理者）
③**自動車**（車種年式、ナンバー、名義、使用者）
※妻名義の資産とあわせてまとめると後々便利

【夫の個人財産】…調査項目は共有財産と同じ
①**不動産**（取得年月、相続など取得の理由も）
②**預金**
③**株式**
④**ゴルフ会員権など**
⑤**借金**（夫婦共有財産の住宅ローン以外のローンや債務。債権者、残高、担保など）

【夫の収入】…養育費、婚姻費用の算定に必要
①**夫の年収**（勤め人の場合は月給とボーナス）
②**副業や株式投資などの収入**
③**実家などからの定期的な援助**

具体的には、右頁に挙げた資産項目などについて、わかる範囲で調べておくといいでしょう。夫婦仲が悪くなってからは無理でも、関係が良好な時なら預金通帳も見せてくれるはずです。コピーはできなくても、銀行名や残高をメモしておいてください。夫婦間の話合いでも離婚調停でも、夫婦共有財産や相手方の個人財産について調べておくと、相手方にウソを付かせない切り札になります。なお、離婚調停を起こす場合は、自分の収入や個人財産についてもまとめておくことです。メモでかまいません。

年間、結婚（婚姻）する男女が48万9281組、離婚する夫婦が18万7798組という今日（令和5年速報）、離婚は対岸の火事ではありません。当事者になったとき、夫婦共有財産や相手の個人財産、その収入の大枠を把握していれば、どれだけ財産分与や慰謝料を請求できるか、妥当な養育費はいくらか、比較的簡単に割り出せます。

POINT

夫婦共有財産や相手方の個人財産・収入をキチンと把握しておくと、夫婦間の話合いでも離婚調停でも、相手方の資産隠しを防げます。

6

離婚調停で請求する財産分与や養育費は相手が支払える妥当な金額が望ましい

…法外な金額を要求すると離婚調停はまとまらない

◆財産分与は600万円以下が5割、養育費は月8万円以下がほぼ8割

離婚相手に財産分与や養育費を請求する人は、1円でも多くもらいたいというのが本音でしょう。ただ、実際の離婚調停で決まる金額はそう高くありません（令和4年司法統計年表家事編）。たとえば、財産分与の支払額は、支払いがあった夫婦の5割強（53・3％）は600万円以下です（400万円以下が45・3％）。もっとも、この金額は、結婚（婚姻）期間によりかなり異なります。結婚2年半未満の夫婦は8割弱（77・9％）が200万円以下ですが、結婚期間が20年超の夫婦には1000万円を超す財産分与を取り決めた夫婦も2割以上（26・1％）います。

一方、養育費の取決めは、月8万円以下がほぼ8割（82・0％）です。しかも、月6万円以下が7割弱（68・6％）と、大学・短大・専門学校など高等教育への進学率が8割を超す今日、調停を申し立てる子の監護者でなくても低いと感じます。ただし、離婚調停で養育費をいくら請求するかは、申立てをする人の自由です。

◆芸能人の離婚で支払われる財産分与や養育費は参考にならない

請求額は自由だと言っても、相手方の全財産を財産分与しろとか、その収入の半分を養育費として払えなどと法外な要求をしたら、まず調停はまとまりません。また、調停委員を味方にすることもできないでしょう。芸能人の離婚では高額な離婚給付が払われたというニュースが報じられますが、参考にはなりません。請求できるのは、あくまで自分たち夫婦の資産や収入をベースに算出した妥当な金額です。

算出の目安としては、東京・大阪の家庭裁判所が公表した**養育費算定表**や弁護士会の**新算定表早わかりガイド**が参考になります（詳しくは1章第8項参照）。

POINT

離婚調停で財産分与や養育費を要求する場合、1円でも多く取れるに越したことはありませんが、妥当な金額を請求すべきです。

7

わからないこと、迷ったときは一人で悩まずプロに相談する

…無料の法律相談、家裁の手続き案内を利用する

◆キチンと準備してあれば離婚調停に負けることはない

離婚をめぐるトラブルは、夫婦間の話合いがまとまらない場合でも、いきなり裁判（離婚訴訟）にはできません。まず、離婚調停から始めることになっています（**調停《ちょうてい》前置主義《ぜんちしゅぎ》**・家事事件手続法257条）。家庭裁判所での話合いです。しかし、相手方が離婚に応じてくれない、提示された離婚条件が一方的過ぎるなど、夫婦間での話合いが上手くいかないことに腹を立て、怒りに任せて離婚調停を起こしても、いい結果は得られません。離婚調停を起こすなら、それなりの準備が必要です（次頁表参照）。

キチンと準備さえしてあれば、離婚調停に出ても慌てることはありません。自分の意見もハッキリ言えますし、相手方のウソや不当な言い分も指摘できます。調停委員を味方に付けることもできるでしょう。調停を有利に進められると思います。ただし、離婚調停は次善の策です。夫婦の話合いで離婚や離婚条件が決まれば、それに越した

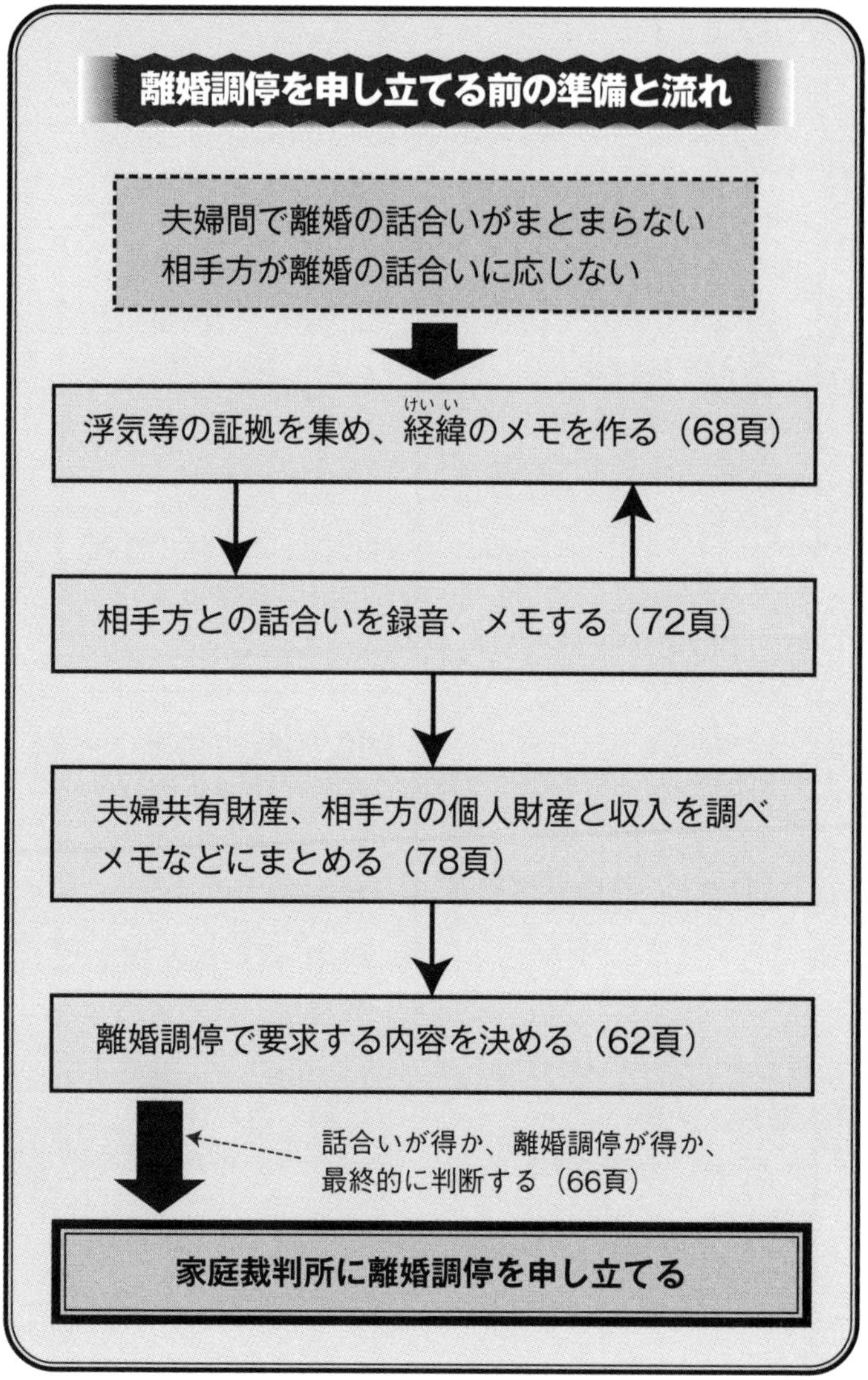

離婚調停を申し立てる前の準備と流れ
夫婦間で離婚の話合いがまとまらない
相手方が離婚の話合いに応じない
浮気等の証拠を集め、経緯《けいい》のメモを作る（68頁）
相手方との話合いを録音、メモする（72頁）
夫婦共有財産、相手方の個人財産と収入を調べメモなどにまとめる（78頁）
離婚調停で要求する内容を決める（62頁）
話合いが得か、離婚調停が得か、最終的に判断する（66頁）
家庭裁判所に離婚調停を申し立てる

離婚で困ったとき、迷ったときの相談先

家庭裁判所
- 離婚調停申立ての手続きの相談先。
- 申立書の書き方や必要書類を教えてもらえる。

市民法律相談
- 市役所、町役場などが行う相談窓口。
- 離婚トラブル全般の相談ができる。
- 相談員は弁護士など法律のプロも多い。

家族、親族、友人
- 一番相談しやすく、親身になって対応してくれる先。
- 話合いでの解決を考えるなら、ココ。

弁護士会・弁護士
- 原則、相談料が必要だが、無料法律相談もある。
- 相手がDV夫、親権や離婚給付で揉めそうなときは、弁護士を頼む方が確実。

警察（交番）
- 相手からDV被害を受けている場合は、すぐ相談を。

※この他、民間の離婚相談所もあります。

ことはありません。ただ、その場合も、調停に向けて準備ができていると、相手方も無茶な条件は言い出さないでしょう。また、相手方から離婚を求められることもあり、常日頃から必要な準備をしておくことです。永遠の愛など、幻想にすぎません。

◆迷ったり、困ったときは、まずプロに相談する

離婚調停は、夫や妻本人が一人でもできます。ただし、迷ったとき、困ったときは、自分一人で悩んではいけません。これは、離婚調停の場に限らず、夫婦間の話合いが行き詰ったとき、離婚調停を申し立てる前でも、同じです。一人で悩むより、他人に相談し、その知恵を借りてください。相談しやすいのは家族や友人ですが、専門家に相談した方がいい場合もあります（右頁図参照）。具体的に、どんな相談ができるか、また有料か無料かなど詳しいことは、それぞれの相談先に問い合わせてください。

POINT

離婚調停は、その申立ても実際の調停も、自分一人でできる簡単な手続きですが、迷ったとき、困ったときはプロに相談してください。

8

離婚調停の申立書式は家庭裁判所のホームページからダウンロードできる

…調停申立てに必要な書式は申し立てする家裁でもらえる

◆離婚調停は家庭裁判所から調停申立書をもらうことから始まる

夫婦関係や親子関係のトラブル（**家事事件**という）の調停手続きや審判手続きは、**家《か》事《じ》事《じ》件《けん》手《て》続《つづき》法《ほう》**が適用されます。たとえば、夫婦間で離婚の話合いがうまくいかずに離婚調停を申し立てる場合、申立人は相手方の住所地を管轄する家庭裁判所に、**調停申立書**や離婚に至るいきさつや動機について記載した**事情説明書**などの書式、夫婦の戸籍謄本などの書類を提出することになっています（必要な書式や書類は88頁参照）。

「ちょっと面倒だな」と感じる人も少なくないでしょうが、離婚を成立させ、相手方に養育費や財産分与など離婚条件を約束させるには必要な手間だと考えてください。

次項と第10項で調停申立書など書式の具体的な書き方を紹介しますが、どの書式もその書き方（記載方法）は、そう難しくありません。

なお、申立てに必要な書式は家庭裁判所の窓口でもらうか、そのホームページから

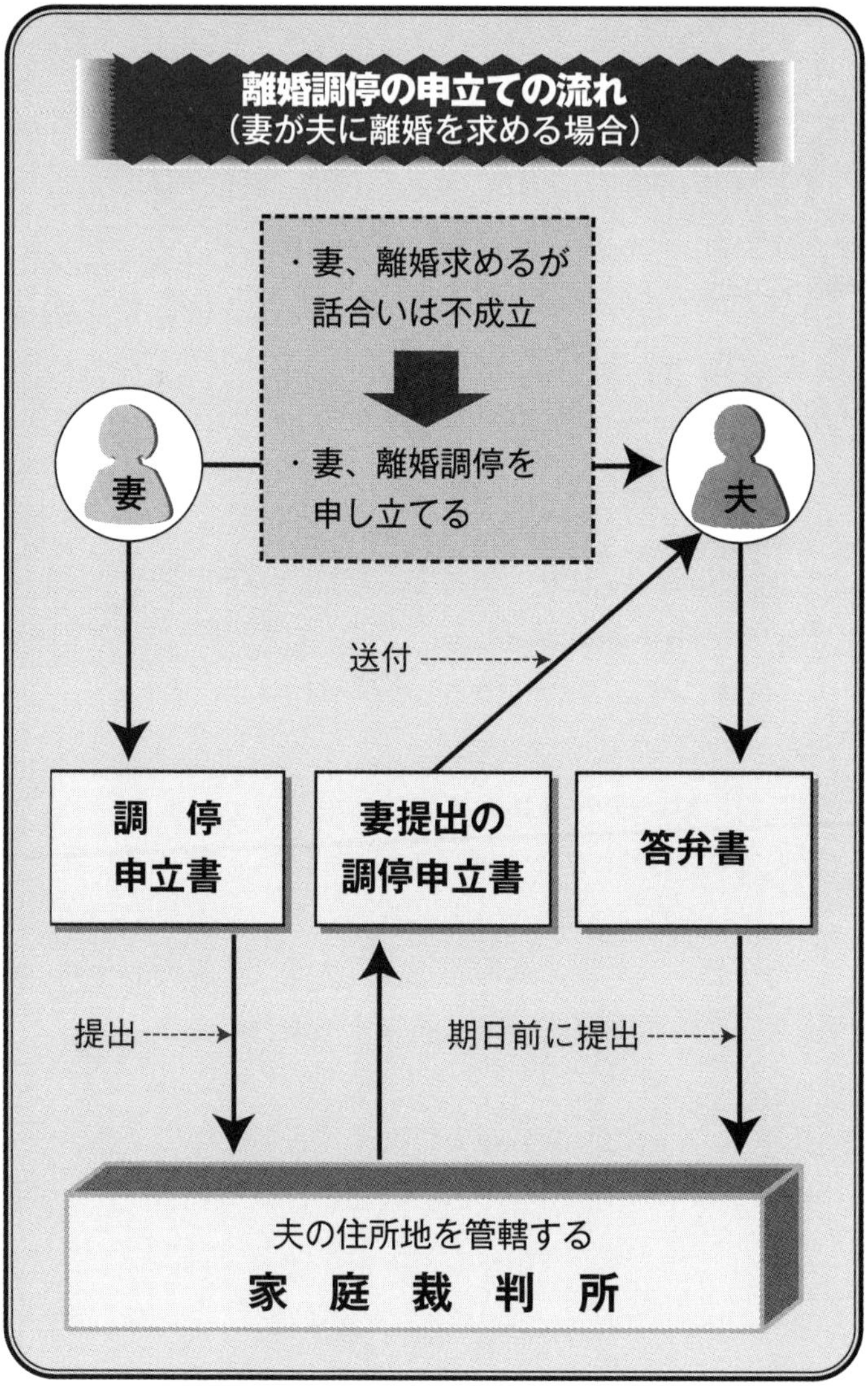
離婚調停の申立ての流れ
（妻が夫に離婚を求める場合）
・妻、離婚求めるが
話合いは不成立
・妻、離婚調停を
申し立てる
妻
夫
送付
調　停
申立書
妻提出の
調停申立書
答弁書
提出
期日前に提出
夫の住所地を管轄する
家　庭　裁　判　所

●離婚調停の申立てに必要な書類

未成年の子がいる夫婦で、妻が離婚を求めて調停を起こす場合、夫の住所を管轄《かんかつ》する家庭裁判所（原則）に、次の書式・書類を提出する必要があります。

①夫婦関係調整（離婚）調停申立書　３通（次項）
②事情説明書　１通（次項参照）
③子についての事情説明書　１通（次項参照）
④連絡先等の届出書　１通（本章10項参照）※
⑤進行に関する照会回答書　１通（10項参照）※
※家裁により、名称が異なるものもあります。

申立てには、次の書類の提出も必要です。
⑥夫婦の戸籍謄本《こせきとうほん》（全部事項証明書）　１通（３か月以内に発行されたもののみ有効）
⑦年金分割のための情報通知書　１通（年金の分割割合に関する調停も同時に請求する場合に必要）

この他、夫婦の財産や収入に関する資料についても、家庭裁判所から提出を求められることがあります。

ダウンロードするといいでしょう。ただ、書式の名称やフォームが家庭裁判所により若干異なるので、必ず申立先の家庭裁判所でもらうようにしてください。

◆必要な書式や書き方は家庭裁判所の窓口でも教えてくれる

全国の家庭裁判所には、家事事件の手続きについて説明し、案内してくれる窓口があります。離婚調停を申し立てる場合、その窓口で、どの書式が必要か、添付書類は何かなど、開庁時間に直接窓口に行くか、電話などで聞けばいいでしょう。開庁時間や家事事件手続きの案内窓口の電話番号などは、各家庭裁判所のホームページに掲載されています。書式の書き方などわからない点があれば、窓口で教えてもらえます。

なお、この章では、とくに断り書きがなければ、未成年の子のいる夫婦の妻が夫に離婚を求めるケースを取り上げ、申立てに必要な書式の書き方を紹介しています。

POINT

離婚調停は、相手方の住所を管轄《かんかつ》する家庭裁判所に申し立てますが、裁判所に提出した調停申立書は相手方にも送付されます。

9 離婚調停の申立書や事情説明書は事実を簡潔に書けばいい

…ウソや感情的な内容はNGである

◆調停申立書は誰でも簡単に書ける

離婚調停は、離婚したい夫婦の一方（たとえば妻）が、他方（夫）を相手方として家庭裁判所に申し立てます。その申立先は、**相手方の住所地を管轄《かんかつ》する家庭裁判所**が原則です（夫婦が合意した家庭裁判所も申立先にできる＝例外）。なお、申立てには、調停申立書など決められた書式と夫婦の戸籍謄本など必要書類（詳しくは88頁参照）の他に、調停手数料１２００円と連絡用の郵便切手代１０００円程度（事件の内容や家庭裁判所により若干異なる）がかかります。

ここでは、具体例を使って、申立人が内容を記載しなければならない書式の書き方を紹介します（書式の書き方は、東京家庭裁判所の様式を使って紹介）。

具体例 離婚調停を申し立てたのは、未成年の子がいる夫婦の妻で、愛人宅で同棲する夫を相手に、離婚を求めた事件です。小３の長女は、妻と同居しています。

【サンプル1】夫婦円満調停（離婚）申立書

受付印	夫婦関係等調整調停申立書　事件名（ 離婚 ）
収入印紙　円	（この欄に申立て1件あたり収入印紙1，200円分を貼ってください。）
予納郵便切手　円	（貼った印紙に押印しないでください。）

○○　家庭裁判所 御中 令和　○　年　○　月　○　日	申立人 （又は法定代理人など） の記名押印	○○花子　㊞

添付書類	（審理のために必要な場合は、追加書類の提出をお願いすることがあります。） □ 戸籍謄本（全部事項証明書）（内縁関係に関する申立ての場合は不要） □ （年金分割の申立てが含まれている場合）年金分割のための情報通知書 □	準口頭

申立人	本籍（国籍）	（内縁関係に関する申立ての場合は、記入する必要はありません。） ○○　都道府県（県に○）　○○市○○町○丁目○番地	
	住所	〒○○○－○○○○ ○○県○○市○○町○丁目○番○号（　　方）	
	フリガナ 氏名	マルマル ハナコ ○○花子	昭和・平成（平成に○）　○年○月○○日生 （○○歳）
相手方	本籍（国籍）	（内縁関係に関する申立ての場合は、記入する必要はありません。） ○○　都道府県（県に○）　○○市××町○○○番地	
	住所	〒○○○－×××× ○○県○○市××町×丁目○番○号（○×和子　方）	
	フリガナ 氏名	マルマル タロウ ○○太郎	昭和・平成（平成に○）　×年×月××日生 （××歳）
対象となる子	住所	☑ 申立人と同居　／　□ 相手方と同居 □ その他（　　）	平成（○）・令和　○○年○月○○日生 （○歳）
	フリガナ 氏名	マルマル アヤコ ○○綾子	
	住所	□ 申立人と同居　／　□ 相手方と同居 □ その他（　　）	平成・令和　年　月　日生 （　歳）
	フリガナ 氏名		
	住所	□ 申立人と同居　／　□ 相手方と同居 □ その他（　　）	平成・令和　年　月　日生 （　歳）
	フリガナ 氏名		

□の部分は、該当するものにチェックしてください。
☆　付随申立ての(6)を選択したときは、年金分割のための情報通知書の写しをとり、別紙として添付してください（その写しも相手方に送付されます。）。

申　立　て　の　趣　旨

円満調整

※
1　申立人と相手方間の婚姻関係を円満に調整する。

2　申立人と相手方間の内縁関係を円満に調整する。

関係解消

※
①　申立人と相手方は離婚する。

2　申立人と相手方は内縁関係を解消する。

（付随申立て）

(1)（丸囲み）　未成年の子の親権者を次のように定める。

……………………………………については父。

長女　綾子　については母。

(2)（丸囲み）　（□申立人／☑相手方）と未成年の子　綾子　が面会交流する時期、方法などにつき定める。

(3)（丸囲み）　（□申立人／☑相手方）は、子　綾子　の養育費として、１人当たり毎月（☑金　6万　円　／　□相当額）を支払う。

(4)（丸囲み）　相手方は、申立人に財産分与として、（☑金　800万　円　／　□相当額　）　を支払う。

(5)（丸囲み）　相手方は、申立人に慰謝料として、（☑金　100万　円　／　□相当額　）　を支払う。

(6)　申立人と相手方との間の別紙年金分割のための情報通知書（☆）記載の情報に係る年金分割についての請求すべき按分割合を、（□０．５　／　□（……………………））と定める。

(7)

申　立　て　の　理　由

同居・別居の時期

同居を始めた日……昭和・（平成）・令和　00　年　3　月　21　日　　別居をした日……平成・（令和）　X　年　10　月　11　日

申　立　て　の　動　機

※　当てはまる番号を○で囲み、そのうち最も重要と思うものに◎を付けてください。

1　性格があわない	②　異　性　関　係	3　暴力をふるう	4　酒を飲みすぎる
5　性的不調和	6　浪　費　す　る	7　病　　気	
8　精神的に虐待する	◎9　家族をすててかえりみない	10　家族と折合いが悪い	
(11)（丸囲み）　同居に応じない	12　生活費を渡さない	13　そ　の　他	

【サンプル１の解説】

①離婚を求める場合は、**夫婦関係等調整（離婚）調停申立書**を使います。裁判所用、相手方用、申立人用と、３通必要です（コピーしても、複写用の用紙を使ってもいい）

②１枚目の表題部には、申立人の記名《きめい》押印《おういん》（認印《みとめいん》でいい）が必要です。

③離婚以外に決めたい内容があれば、２枚目の「申立ての趣旨《しゅし》」に調停の必要な項目を記載します。

④未成年の子がいる場合、付随申立《ふずいもうした》ての(1)に○を付け、親権者にしたい親の欄に子の名前を書いておきます。

⑤「申立ての理由」の別居をした日は、同居と別居を繰り返す夫婦の場合、一番最近の別居日を記載します。

⑥「申立ての動機」は、複数回答できます。○を付けた番号で、もっとも重要な理由の番号は◎です。

調停申立書は、どの項目も必要な番号を○で囲んだり、レ点を付けるだけでよく、長い文章の記載が必要な項目はないので、書き方は簡単です。ただし、表題部に記載する自分（申立人）や夫（相手方）の住所は正確に記載してください。間違うと、家庭裁判所からの連絡文書が届きません。

【サンプル2】事情説明書（夫婦関係調整）

事情説明書（夫婦関係調整）

1 この問題でこれまでに家庭裁判所で調停や審判を受けたことがありますか。	☐ ある　平成・令和　年　月頃　家裁　支部・出張所 ☐ 今も続いている。　申立人の氏名 事件番号　平成・令和　年（家　）第　号 ☐ すでに終わった。 ☑ ない
2 調停で対立すると思われることはどんなことですか。（該当するものに，チェックしてください。複数可。）	☑ 離婚のこと　☐ 同居または別居のこと ☑ 子どものこと（☑親権　☑養育費　☑面会交流　☐その他　） ☑ 財産分与の額　☑ 慰謝料の額　☐ 負債のこと ☐ 生活費のこと　☐ その他（　）

3 それぞれの同居している家族について記入してください（申立人・相手方本人を含む。）。
※申立人と相手方が同居中の場合は申立人欄に記入してください。

申立人（あなた）				相手方			
氏名	年齢	続柄	職業等	氏名	年齢	続柄	職業等
○○花子	○○	本人	専業主婦	○○太郎	××	夫	会社員
○○綾子	○	長女	小学校3年生				

	申立人	相手方
4 それぞれの収入はどのくらいですか。	月収（手取り）　約　10　万円 賞与（年　回）計約　万円 ☑実家等の援助を受けている　月　5　万円 ☐生活保護等を受けている。　月　万円	月収（手取り）　約　30　万円 賞与（年2回）計約　120　万円 ☐実家等の援助を受けている　月　万円 ☐生活保護等を受けている。　月　万円
5 住居の状況について記入してください。	☐ 自宅 ☐ 当事者以外の家族所有 ☑ 賃貸（賃料月額　10万　円） ☐ その他（　）	☐ 自宅 ☐ 当事者以外の家族所有 ☐ 賃貸（賃料月額　円） ☑ その他（○×和子方に同居）
6 財産の状況について記入してください。	(1) 資産 ☐ あり ☐ 土地　☐ 建物 ☐ 預貯金　（約　万円） ☐ その他　※具体的にお書きください。 （　） ☑ なし (2) 負債 ☐ あり　☐住宅ローン（約　万円） ☐その他　（約　万円） ☑ なし	(1) 資産 ☑ あり ☐ 土地　☐ 建物 ☑ 預貯金　（約 1,600　万円） ☐ その他　※具体的にお書きください。 （　） ☐ なし (2) 負債 ☐ あり　☐住宅ローン（約　万円） ☐その他　（約　万円） ☑ なし

7 夫婦が不和となったいきさつや調停を申し立てた理由などを記入してください。	相手方は、令和X年1月頃から部下の○×和子と親密になり、同年10月から同女宅で同棲生活をしています。申立人は何度も○×和子と別れ、家に戻るよう申し入れましたが、相手方は今日まで同女との同棲を止めようとせず、最近では話合いにも応じません。よって申立ての趣旨のとおり調停を求めます。

令和○年○月○日　　申立人　○○花子　㊞

【サンプル3】子についての事情説明書

子についての事情説明書

1 現在，お子さんを主に監護している人は誰ですか。	☑ 申立人 □ 相手方 □ その他（　　　）
2 お子さんと別居している父または母との関係について，記入してください。 ＊ お子さんと申立人及び相手方が同居している場合には記載する必要はありません。	□ 別居している父または母と会っている。 ☑ 別居している父または母と会っていないが，電話やメールなどで連絡を取っている。 □ 別居している父または母と会っていないし，連絡も取っていない。 → 上記のような状況となっていることについて理由などがあれば，記載してください。 相手方が一方的に連絡してくるが、長女綾子は妻子を捨て〇×和子と同棲する相手方を嫌っており、電話やメール以外の交流を拒否しています。
3 お子さんに対して，離婚等について裁判所で話合いを始めることや，今後の生活について説明したことはありますか。	□ 説明したことはない。 ☑ 説明したことがある。 → 説明した内容やそのときのお子さんの様子について，裁判所に伝えておきたいことがあれば，記載してください。 長女綾子は相手方を嫌っており、申立人が相手方と離婚することを納得しています。
4 お子さんについて，何か心配していることはありますか。	☑ ない □ ある → 心配している内容を具体的に記載してください。
5 お子さんに関することで裁判所に要望があれば記入してください。	相手方は長女綾子の親権者の地位を望んでいるが、妻子を捨てるような父親を親権者とすることは、子どもの福祉上も好ましくないので、親権者は申立人としてもらいたい。

令和〇年〇月〇日　　申立人　〇〇 花子 ㊞

【サンプル２の解説】

①項目４の相手方の収入や財産の状況は、わかる範囲で書いてください。

②項目７の夫婦の現状や不和になったいきさつ、申立ての理由は、事実だけを簡潔に書くことです。相手方を誹謗中傷したり感情的な文言は、調停委員の心証を悪くするので、避けてください。

【サンプル３の解説】

①項目２、項目３では、子の意思も記載しておくといいと思います。

②項目５は、相手方が未成年の子を虐待するなど、子の福祉上好ましくない行為があれば、記載してください。

調停申立書は、調停日時を指定した呼出状とともに、家庭裁判所から調停の相手方に送付されることになっています。一方、事情説明書、子についての事情説明書は、相手方には送付されません。ただし、相手方から閲覧《えつらん》やコピーの請求があると、家庭裁判所では相手方に、閲覧やコピーを原則許可します。

相手方を誹謗中傷《ひぼうちゅうしょう》する文言を書いたり、事実と違うウソの内容を記載すると、答弁書や調停の席で相手方から反撃を受け、かえって調停を不利にすることにもなりかねません。誹謗中傷やウソの記述は絶対にしないことです。

10 別居中のDV夫を相手に離婚調停を起こすときは自分の居所を秘密にできる

…家庭裁判所に連絡先非開示の届出書を出せばいい

◆家庭裁判所には連絡先を教える必要がある

離婚調停を申し立てる場合、**夫婦関係等調整（離婚）調停申立書**の他にも提出を義務づけられている書式があります（書式は申立書と一緒に家庭裁判所の窓口でもらえる。詳しくは88頁参照）。前項では、申立書と事情説明書の書き方を紹介しました。

ここでは、**進行に関する照会回答書**《しょうかいかいとうしょ》（サンプル4・離婚調停を進めるに当たり家庭裁判所に知っておいてほしいこと、配慮してほしいことなどを記載）、**連絡先等の届出書**（サンプル5・調停期日の通知書など裁判所からの書類を受け取る実際の住まいや連絡先などを記載）、そして**非開示の希望に関する申出書**（サンプル6・相手方に個人情報や連絡先などを知られたくない場合に提出）の書き方を、具体例で紹介します。

具体例　妻がDV夫との離婚を求めた事件です。妻は夫のDVを恐れ、小3の長女を連れ、家を出て、知人宅に隠れています。夫には連絡先を知られたくありません。

【サンプル4】進行に関する照会回答書

進行に関する照会回答書（申立人用）

1 この申立てをする前に相手方と話し合ったことがありますか。	□ ある。（そのときの相手方の様子にチェックしてください。） □ 感情的で話し合えなかった。　□ 冷静であったが，話合いはまとまらなかった。 □ 態度がはっきりしなかった。　□ その他（　　　） ☑ ない。（その理由をチェックしてください。） □ 全く話合いに応じないから。　☑ 話し合っても無駄だと思ったから。 ☑ その他（暴力をふるわれるから　）
2 相手方は裁判所の呼出しに応じると思いますか。	☑ 応じると思う。 □ 応じないと思う。 □ 分からない。 （理由等があれば，記載してください。） 申立人の現住所や勤め先を探しているから
3 調停での話合いは円滑に進められると思いますか。	□ 進められると思う。 □ 進められないと思う。 ☑ 分からない。 （理由等があれば，記載してください。） 以前から離婚は絶対に応じないと言っていたから
4 この申立てをすることを相手方に伝えていますか。	□ 伝えた。 ☑ 伝えていない。 □ すぐ知らせる。　□ 自分からは知らせるつもりはない。　☑ 自分からは知らせにくい。
5 相手方の暴力等がある場合には，記入してください。	1　相手方の暴力等はどのような内容ですか。 □大声で怒鳴る・暴言をはく。　□物を投げる。　□殴る・蹴る。　□凶器を持ち出す。 (1) それはいつ頃のことですか。 令和×年〇月 頃　から　令和〇年〇〇月 頃　まで (2) 頻度はどのくらいですか。 週3回 回 2　相手方の暴力等が原因で治療を受けたことはありますか。 □ない　☑ある（ケガや症状等の程度　　　） 3　配偶者暴力に関する保護命令について，該当するものをチェックしてください。 □申し立てる予定はない。　□申し立てる予定である。 ☑申し立てたが，まだ結論は出ていない。　□申し立てたが，認められなかった。 □認められた。　※保護命令書の写しを提出してください。 4　相手方の調停時の対応について □裁判所で暴力を振るう心配はない。 □申立人と同席しなければ暴力を振るうおそれはない。 ☑裁判所職員や第三者のいる場所でも暴力を振るう心配がある。 ☑裁判所への行き帰りの際に暴力を振るうおそれがある。 □裁判所に刃物を持ってくるおそれがある。 ☑裁判所へ薬物，アルコール類を摂取してくるおそれがある。
6 調停期日の差し支え曜日等があれば書いてください。 ※　調停は平日の午前または午後に行われます。	申立人の　□　希望曜日　　曜日　午前・午後 （ご希望に沿えない場合もございます。予めご了承下さい。） □　差し支え曜日　　曜日　午前・午後 （すでに差し支えることがわかっている日→　　　） 相手方の　□　希望曜日　　曜日　午前・午後 □　差し支え曜日　　曜日　午前・午後 （※分からなければ記載しなくてもかまいません。）
7 裁判所に配慮を求めることがあれば，その内容をお書きください。	相手方から暴力をふるわれるおそれがあるので、裁判所や調停で顔を合わせないよう配慮をお願いします。

【令和〇年〇月〇日　　申立人　〇〇花子　㊞】

【サンプル4の解説】

①申立人、相手方、双方が出します。
②夫婦間での話合いの有無、相手方の調停への対応予測、ＤＶの有無などを答える書式で、調停をスムースに進行させるためのものです。相手方には、原則として、閲覧やコピーは許可されません。安心して、事実や自分の考えを記載してください。
③調停室や家庭裁判所内で、相手方と顔を合わせたくない人は、項目７に、具体的な事情や理由とその旨を書いておくといいでしょう。夫婦間でＤＶなどがある場合、家庭裁判所は一定の配慮をしてくれます。
④項目７に配慮を求める記載がないと、双方立会手続説明や調停終了時の意思確認では、調停室で相手方と同席することになります。
⑤家庭裁判所により、名称や記載項目が異なります（サンプル５も同様）。

離婚調停では、夫婦は別々に調停室に入り、調停委員に自分の言い分などを聞いてもらえます。その間、相手方は別室の待合室におり、裁判のように夫婦が相対で意見や言い分をぶつけ合うことはありません。ただし、調停の始めには、その進め方などを夫婦同室で説明を受ける（**双方《そうほう》立会《たちあい》手続《てつづき》説明《せつめい》**）決まりです。また、調停を終了する

【サンプル5】連絡先等の届出書

連絡先等の届出書（□　変更）

令和　○　年　○　月　○　日

☑申立人／□相手方／□ 手続・法定 代理人　氏名：　○○ 花子　㊞

私の連絡先は、次の1、2のとおりです。

1　書類の送付先

□　申立書記載の住所のとおり

☑　下記の場所

場所：（〒○○○-××××）○○県○○市○○町×丁目×番○号 ハイツ○○ 205号 ××美江方

上記の場所は　□住所　□実家（　　　　　方）

□就業場所（勤務先名　　　　　　　　　　　）

☑その他（あなたとの関係：　知人住所　　　　）

□　委任状記載の弁護士事務所の住所のとおり

□（秘匿申立てをしている場合）秘匿事項届出書面のとおり

2　電話番号（平日昼間の連絡先）

☑　○○○-○○○○-○○○○　（☑携帯　□自宅　□勤務先）

□　委任状記載の弁護士事務所の固定電話番号

□（秘匿申立てをしている場合）秘匿事項届出書面のとおり

☑　非開示希望の申出

上記 ☑1（送付先）、☑2（電話番号）については、他方当事者等に非開示とすることを希望します。

※　送付先、電話番号について非開示を希望する場合は、開示によって社会生活を営むのに支障が生じるおそれがあるなどと認められると解し、非開示の希望に関する申出書（書式No．5）を提出しなくても、他方当事者等に対し、開示しない扱いです。

【注意】 上記の非開示希望の申出によって開示しない扱いとなるのは、この「**連絡先の届出書（□　変更）」の書面だけです。** 別の書面や資料に非開示希望の情報が記載されている場合は、その部分をマスキングして提出するか、**個別に非開示の希望に関する申出書（書式No．5）を提出する必要があります**ので、ご注意ください。

【サンプル５の解説】

①必ず提出が必要です。

②家庭裁判所の書類の送付先や、勤め先や携帯電話など裁判所からの連絡ができる先を記載します。

③弁護士に調停での対応も依頼している（代理人に委任）ときは、連絡先は弁護士事務所にしておくといいでしょう。

④ＤＶなどの理由で、相手方に連絡先を知られたくない場合、非開示希望の情報がサンプル５以外の書面や資料にもあるときは別途、非開示の希望に関する届出書（サンプル６）を提出しないと、非開示の扱いがされません。注意が必要です。

ときも、次回までの宿題（それぞれが確認しておくことなど）や調停内容の確認を、夫婦同室ですることになっています。もっとも、相手方からＤＶ被害を受けるおそれがある場合にまで、この原則が適用されるわけではありません。調停室での夫婦同室は支障があるという場合、**進行に関する照会回答書《しょうかいかいとうしょ》**に、相手方と顔を合わせたくない事情や理由を書いて配慮を求めておくと、家庭裁判所は同室での双方立会手続説明をしないなど、一定の配慮をしてくれます。なお、必ず配慮してくれるというわけではなく、**配慮するかどうかは、あくまで家庭裁判所の判断**です。

【サンプル6】非開示の希望に関する申出書

非開示の希望に関する申出書

＊裁判所にだけ伝えたい情報（非開示希望情報）が書かれた書面を提出する場合には、非開示を希望する書面ごとにこの申出書を作成し、本申出書の下に、ステープラー(ホチキスなど)で留めて一体として提出して下さい(ファクシミリ不可)。本申出書がない場合、非開示の希望があるものとは扱われません。

＊非開示を希望しても、裁判官の判断により、開示されることがあります。

ステープラー（ホチキスなど）で留めて下さい。

1　別添の書面については、【☐全て　☑マーカー部分　】を非開示とすることを希望します。

※　書面の一部について非開示を希望する場合、その部分が分かるようにマーカーで色付けするなどして特定してください。

2　非開示を希望する理由は、以下のとおりです（複数選択可。カッコ内に具体的な理由を記載してください。）。

＊住所、氏名やそれを推測させる情報については、その記載部分を個別具体的に特定した上で、非開示希望を申し出ることができます。⑴～⑷のいずれかの理由がある場合は、他方当事者等から閲覧謄写の申請があったとしても不許可となりますが、非開示希望の申出がない場合は、閲覧謄写の申請が許可されますので、十分にご注意ください。

⑴　☑　事件の関係人である未成年者の利益を害するおそれがある。
（理由：相手方は長女を虐待していたから　　　　　　　　　　　　）

⑵　☑　当事者や第三者の私生活・業務の平穏を害するおそれがある。
（理由：相手方は申立人に暴力をふるっていたから　　　　　　　　）

⑶　☐　当事者や第三者の私生活についての重大な秘密が明らかにされることにより、その者が社会生活を営むのに著しい支障を生じるおそれがある。
（理由：　　　　　　　　　　　　　　　　　　　　　　　　　　　）

⑷　☐　当事者や第三者の私生活についての重大な秘密が明らかにされることにより、その者の名誉を著しく害するおそれがある。
（理由：　　　　　　　　　　　　　　　　　　　　　　　　　　　）

⑸　☑　その他（具体的な理由を書いてください。なお、住所、氏名やそれを推測させる情報は、⑴ないし⑷のいずれにも該当せず「その他」のみを理由に非開示を希望することはできません。）
申立人と申立人の長女は、相手方から度重なる暴力と虐待を受け、現在は自宅を出て、知人宅に身を寄せています。相手方に現住所がわかると、再び暴力や虐待を受けるおそれがあるため、非開示を望みます。

令和　○年　○月　○日

氏　　名　○○花子　㊞

＊　本書面は、非開示を希望する書面がある場合に限り提出してください。

【サンプル６の解説】

①相手方に連絡先（住まいや勤務先）を知られると、申立人だけでなく未成年の子や関係者の私生活や業務が脅かされるおそれがある場合、この届出書を非開示希望の書面ごとにホチキスなどで付けて提出します。

②非開示の理由で、その他を選んだ場合、具体的に書いてください。

③この他、裁判所への提出書類で、相手方に知られたくない情報（裁判所が見る必要がないもの）は、その部分を黒塗りにすることもできますが、この申出書を添付する方法もあります。

また、この事例の妻のように、夫のＤＶから逃れるため、自宅を出て、別の場所で暮らしている場合、その住まいや勤め先は相手方に知られたくありません。この場合には、**非開示《ひかいじ》の希望に関する申出書**を書いて、**連絡先等の届出書**に付けて出しておくと、家庭裁判所や離婚調停を通じて、相手方に連絡先が漏れる心配はなくなります。ただし、この申出書が出ていない場合には、裁判所は非開示の必要がないものとして扱いますので注意してください。

11

離婚調停を起こすと決めたら事前に添付書類は準備しておくといい

…戸籍謄本は取得から3か月以内のものが有効

◆夫が会社員なら妻は離婚に際し、年金分割も要求できる

この章では、離婚調停に備えて、調停委員を味方に付け調停を有利に進めるための準備について紹介しています。たとえば、浮気の証拠やＤＶの診断書（69頁参照）、離婚給付の根拠となる夫婦共有財産や相手方の個人財産、収入の資料（78頁参照）を集めておくことも、その一つです。また、調停で水掛け論にならないよう、話合いの様子を録音しておくことも必要だと説明しました。この他、申立てに必要な添付書類なども事前に取っておくと、離婚調停を起こす際、慌てずに済みます。

なお、離婚調停の申立てには、この添付書類を含め、家庭裁判所に次の4つのものを提出しなければなりません。

①夫婦関係等調整（離婚）調停申立書の他、事情説明書、連絡先等の届出書など調停を申し立てる家庭裁判所が定めている書式（88頁表①～⑤）

②夫婦の戸籍謄本《こせきとうほん》（全部事項証明書）、年金分割のための情報通知書（同表⑥⑦）
③申立て手数料１２００円（収入印紙）＋連絡用の郵便切手１０００円程度（事件や裁判所により異なることがあるので、申立先の家庭裁判所に確認してください）
④離婚給付の要求に関し言い分を証明できる資料で家庭裁判所から提出を指示されたもの（源泉徴収票《げんせんちょうしゅうひょう》、給与明細、確定申告書など収入のわかる資料、不動産登記事項証明書、固定資産税評価証明書、預貯金の通帳の写しや残高証明書、住宅ローンの残高証明書など夫婦の財産のわかるものなど）

このうち、戸籍謄本（全部事項証明書）は、これまで本籍地の市区町村でしか取れませんでした。本籍地が遠隔地にある場合には、郵送で取れるにしても時間と手間がかかったのです。そのため、離婚を考えたら相手方との話合いがまとまらなくても、事前に戸籍謄本を取っておくと、後の手続きがスムースに行くと言われていました。しかし、戸籍法の改正で、戸籍謄本など戸籍証明書の広域交付が始まり、令和６年３月１日からは、本籍地が遠隔地にあっても、最寄りの市区町村の窓口で戸籍謄本を請求できるようになったのです。ただし、協議離婚や離婚調停の申立てには、３か月以内に発行された謄本だけしか使えません。

次に、年金分割のための情報通知書ですが、こちらは夫（または妻）に厚生年金や共済年金の加入期間がある夫婦だけが関係します（夫婦とも国民年金にしか加入していない人は対象外）。たとえば、夫の扶養家族で第三号被保険者だった期間のある妻が離婚した場合、妻はその期間について、夫の厚生年金や共済年金（いずれも基礎年金部分除く）の最大50％を、請求すれば、自分の年金として受給できます（分割割合は、合意できなければ調停や審判による。平成20年4月以降の該当期間は自動的に50％）。その手続きに必要な書類が、年金事務所（厚生年金の場合）や各共済年金の窓口が発行する**情報通知書**です。

この情報通知書をもらうためには、夫が厚生年金の場合、妻は最寄りの年金事務所に**年金分割のための情報提供の請求書**を自分の年金手帳（または国民年金手帳か基礎年金番号通知書）と夫婦の戸籍謄本《こせきとうほん》を添えて、提出しなければなりません。

この情報通知書は請求しても、すぐもらえるとは限りません。年金分割の請求は、離婚後2年以内ならできますが、離婚調停の申立てと同時にしたいなら、早めに準備しておくといいでしょう。ちなみに、この請求にも戸籍謄本が必要です。調停の申立てに使う分と合わせて、年金分（年金ごとに必要）も取っておくと面倒がありません。

◆調停をする場合でも必要事項を書き入れた離婚届を用意しておくといい

夫婦間で離婚の話合いをする場合、いきなり相手方に離婚届を突き付け、サインを求める人もいます。これは、売り言葉に買い言葉のようなもので、寄りを戻すにしろ別れるにしろ、いい結果は生みません。たとえ相手方に全面的に非があるとしても、冷静に話し合いたいものです。もっとも、離婚届は最寄りの市区町村の出張所で簡単にもらえます。離婚を考えたら、最初に準備しておきたい書式であることに違いありません。必要事項を記入し、成人の証人２人のサインももらっておくと、後々手続きがスムースにいきます。

なお、離婚調停を申し立てた夫婦でも、協議離婚することはできます。実際、協議離婚が成立して調停を取り下げる夫婦も５％近くいるのです。ＤＶなどの危険がなければ、調停中も協議離婚の途《みち》を探してもいいのではないでしょうか。

POINT

離婚調停の申立てには、戸籍謄本や年金分割のための情報通知書も必要です。早めに取得しておくと、手続きがスムースに運びます。

12

相手から離婚調停を起こされても慌てるな

…一方が離婚に反対すれば離婚調停は成立しない

◆調停期日前に自分の言い分を書いた答弁書を出さなければならない

離婚調停の申立ての手続きは、**家事事件手続法**で決められています。これは、調停を起こされた側（相手方という）も同じで、具体的には次の通りです。

①調停の相手方には、家庭裁判所から調停期日を知らせる呼出状の他、申立人の提出した調停申立書（91頁〜92頁）が送られてきます（送付という）。

②相手方には、答弁書や各家庭裁判所が定めた書式（事情説明書、進行に関する照会回答書、連絡先等の届出書など）を調停期日前日までに提出する義務があります。

③相手方は、申立人が家庭裁判所に提出した事情説明書（94頁）や子についての事情説明書（95頁）を、裁判所の許可を得て閲覧《えつらん》やコピーができます。

離婚調停で相手方になると、どうしても準備不足は否めません。とくに、夫婦関係がギクシャクし離婚話が出ても、まさか離婚調停を起こされるとは思わないのが普通だからです。この章で説明した調停に向けての準備など、ほとんどの人はしていないでしょう。しかし、家庭裁判所から呼出状が届いても、慌てることはないのです。

◆申立人の事情説明書を閲覧して、ウソや間違いは指摘すればいい

離婚調停の相手方には、呼出状と一緒に申立人の提出した夫婦《ふうふ》関係《かんけい》等《とう》調整《ちょうせい》調停《ちょうてい》申立《もうしたて》書《しょ》が送られてきます。ます、申立ての趣旨や動機を確認してください。また、申立人の事情説明書も閲覧《えつらん》することです。その上で、記載内容にウソがあったり、それまでの話合いの内容と違っていたら、家庭裁判所に提出する答弁書や事情説明書に、その旨や自分の言い分を記載しておけばいいのです。また、調停の期日までに必要な資料や証拠を集めておけば、調停の席でも相手の言い分に十分反論できるでしょう。

そもそも離婚したくなければ、調停を成立させなければいいのです。

POINT

調停申立書が送られてくるので、事前に申立人の言い分を知ることができます。反論があれば、答弁書にその旨を書けばいいのです。

13 離婚から２年が過ぎると財産分与は要求できない

…早く請求しないと相手が財産を使い切る心配もある

◆財産分与を求める調停は、離婚後２年間しか起こせない

財産分与や慰謝料、養育費など離婚給付の請求は、離婚後でも調停を起こせます。

ただ、**財産分与を求める調停は離婚後２年経つと、家庭裁判所は申立てを受け付けてくれません**（**除斥期間**。民法７６８条２項）。離婚後、財産分与を請求する場合、このことを考慮して相手方との話合いを進めてください。なお、厚生年金や共済年金の夫への年金分割請求も、離婚後２年経つと自動的にその権利を行使できなくなります。

また、離婚慰謝料は**不法行為**に基づく請求ですが、離婚後３年間請求しないと時効（**消滅時効**・民法７２４条１号）で、調停での請求はできなくなります。ただし、令和２年４月１日から、人の生命または身体を害する不法行為の時効は５年（７２４条の２）になりましたので、相手方からＤＶを受けている場合は、３年を過ぎても申立てが受け付けられる可能性があります。諦めずに家庭裁判所の窓口で相談してくださ

い。なお、不法行為から20年が過ぎた場合も時効が成立します（32頁参照）。時効は除斥期間と違って、相手方が「時効だから払わない」と言わない限り（**援用**という）、請求できます。また、相手方に慰謝料の一部でも払わせたり、払うと約束させれば時効は更新され、その時から慰謝料の時効期間は再びゼロから始まるのです。

◆2年が過ぎても相手方が払うのは自由である

財産分与は離婚後2年が過ぎると、調停など家庭裁判所の手続きを使って取ることはできませんが、相手方が自分の意思で払うのは自由です。離婚後2年以上が経っている場合でも諦めずに、とりあえず請求だけはしてください。なお、離婚後、相手方の収入や財産が大幅に減ったり、再婚したりと、その経済事情が離婚前とは大きく変わることもあります。この場合も、調停手続きを利用するといいでしょう。

POINT

相手方の収入や財産を管理できない離婚後は、費消されてもわかりません。離婚後の離婚給付の請求は、早めに調停にすることです。

コラム

離婚後も、夫婦に共同親権を認める民法改正案が国会に提出された

離婚する夫婦に未成年の子がいる場合、離婚後の親権者は父母どちらか一方です（単独親権）。現行法（令和6年3月31日現在）は、父母双方が親権者になることを認めていません（819条）。

この単独親権の制度を見直し、離婚後も父母双方が親権者になることを認める**共同親権**の規定を盛り込んだ民法改正案が令和6年通常国会に提出されました。

この改正案が成立すると、協議離婚をする夫婦は話合い（協議）により、共同親権の選択ができます。これまでどおり、単独親権を選ぶことも可能です。

協議がまとまらない場合、家庭裁判所が父母の双方または一方を親権者と定めます。ただし、父母の一方が相手方からDVを受けるおそれがあるなど共同親権を行うことが困難な場合、虐待など子の心身に害悪を及ぼすおそれがある場合は、父母どちらか一方の単独親権です。

また、改正案では、「親権は子の利益のために行使しなければならない」と、親権の性質を明確にしました。この他、**法定養育費**の制度が新設され、離婚後、子を監護している父母は取決めがなくても、監護していない父母に子の養育費を請求できます。なお、改正案の施行時期は、公布から2年以内の予定です。

第3章

調停委員を味方にすれば離婚調停は有利に運ぶ

★離婚調停は多くて数回で結論が出る
★離婚調停では調停委員を味方にしよう・ほか

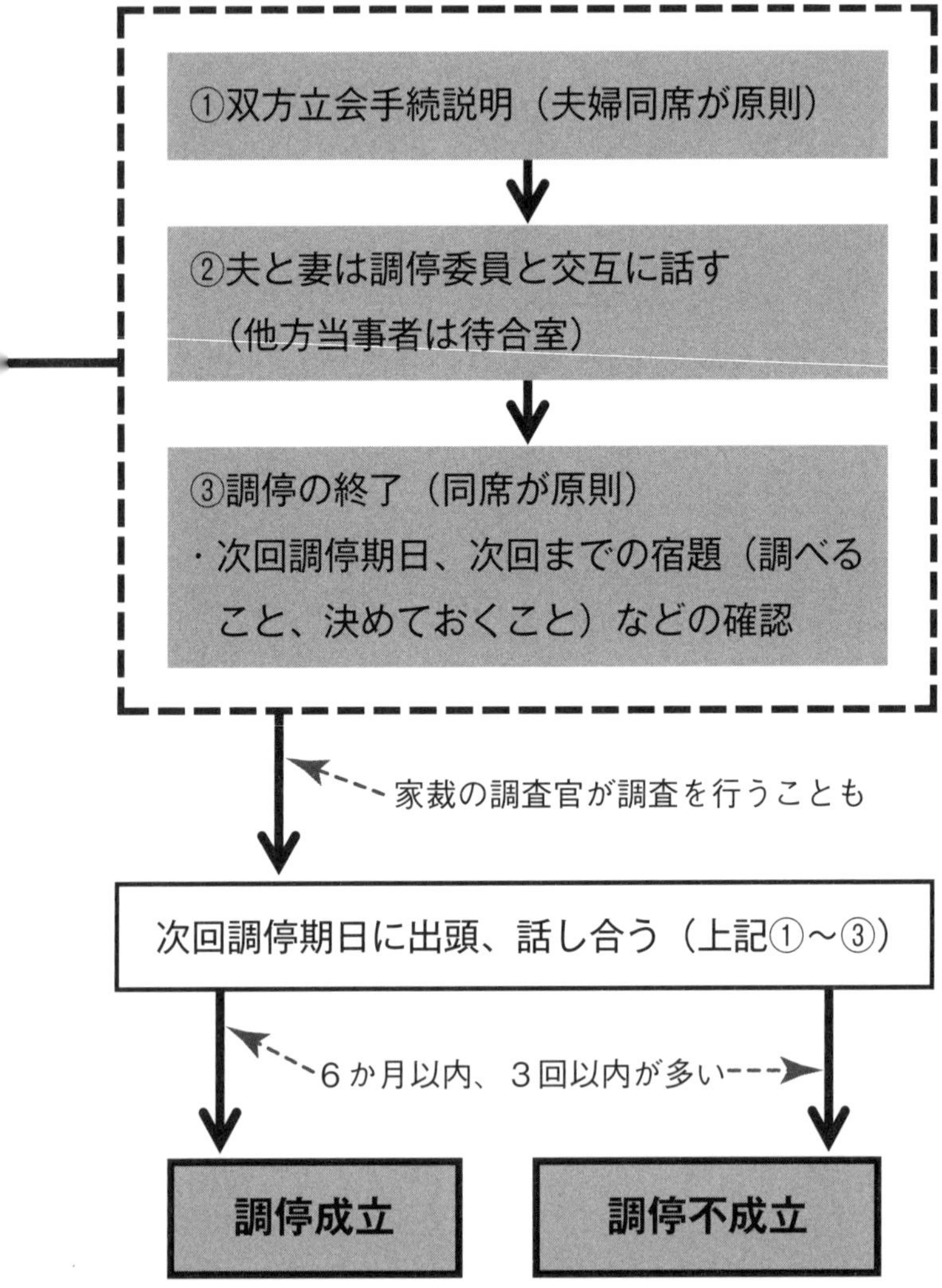
①双方立会手続説明（夫婦同席が原則）
②夫と妻は調停委員と交互に話す
（他方当事者は待合室）
③調停の終了（同席が原則）
・次回調停期日、次回までの宿題（調べること、決めておくこと）などの確認
家裁の調査官が調査を行うことも
次回調停期日に出頭、話し合う（上記①～③）
6か月以内、3回以内が多い
調停成立
調停不成立

●離婚調停の手続きの流れ

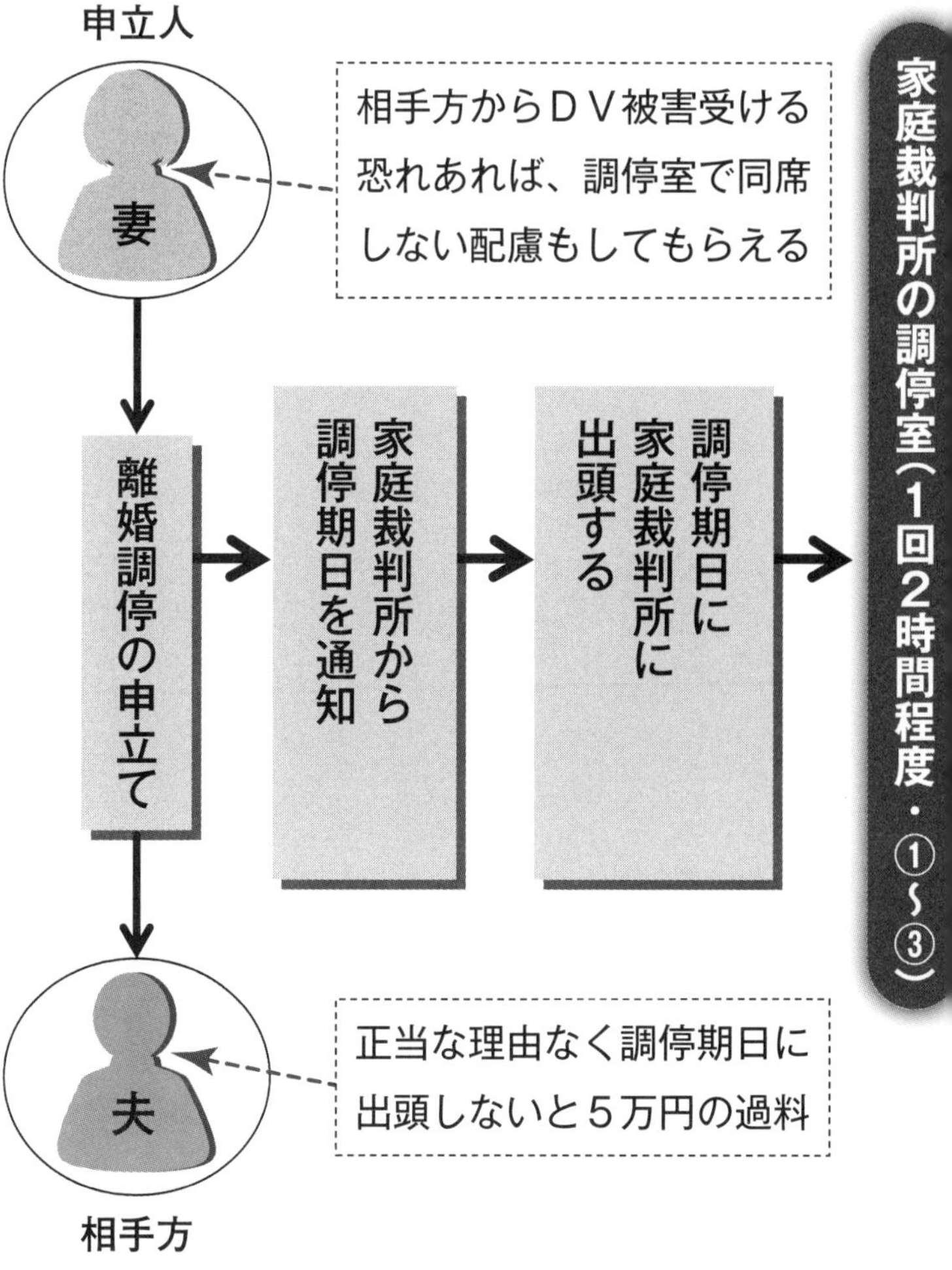

1

家庭裁判所から通知された呼出期日に調停室に出頭して離婚調停は始まる

…正当な理由なく出頭しないと5万円以下の過料

◆無断欠席は調停委員の心証を悪くする

夫または妻が離婚調停を申し立てると、おおよそ1か月以内には家庭裁判所から双方に調停期日を指定した呼出状が送られてきます（相手方には調停の呼出状と一緒に申立人が提出した調停申立書も送付される）。指定される期日は、申立てから概《おおむ》ね1～2か月後です。呼出状を受け取った夫と妻は、原則として、その調停期日の指定された時間に家庭裁判所に出頭し、調停（調停委員を交えた話合い）をしなければなりません。

もっとも、当事者（夫または妻）に出頭できない正当な理由がある場合には、事前に家庭裁判所に連絡し、その許可を得て調停期日を延期してもらうこともできます。連絡すれば必ず変更が認められるわけではありませんが、仕事や旅行、冠婚葬祭《かんこんそうさい》など予定がすでに決まっていて、指定された日時は都合が悪いという場合は、とりあえず

調停期日に出席しないとどうなるか

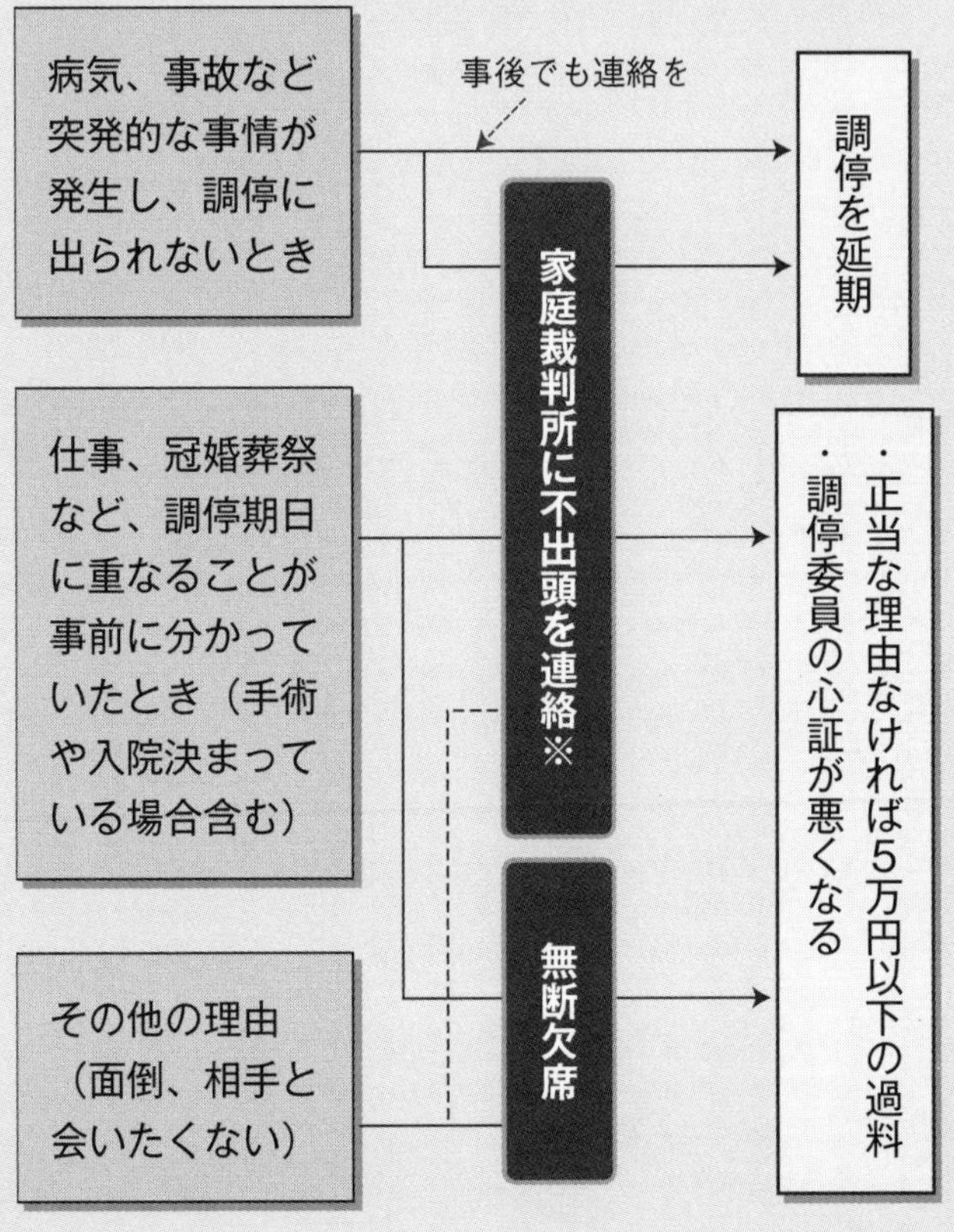

※調停期日の延期・変更が認められるとは限らない

家庭裁判所に期日の延期を申し出ることです。ただし、急にレジャーの予定が入ったとか、相手方と会いたくないという理由では、まず認めてもらえません（前頁図参照）。

なお、急な病気や事故などを除けば、家庭裁判所への申出は早めにしてください。指定された期日の２週間前ぐらいまでに、調停日時の変更を申し出るといいでしょう（いつまでに申し出ればいいかは、送られてきた呼出状に書かれている）。もっとも、呼出状に書かれたリミットが過ぎていても、諦《あきら》める必要はありません。都合悪ければ、遠慮せず家庭裁判所に相談すればいいのです。もう間に合わないとか面倒だからと、調停期日に出頭せず、調停を無断欠席することだけは、絶対に止めてください。

民事裁判では、被告が裁判所から指定された口頭弁論《こうとうべんろん》期日《きじつ》に出頭しないと、相手方（原告）の言い分を争わないものとみなされ（民事訴訟法１５９条３項）、その結果、裁判は負けてしまいます（原告の請求が認められる）。これは、離婚をめぐる裁判でも同じです。ところが、調停の場合は、呼出期日に出頭しなくても、相手方の言い分を争わないとみなされたり、相手方の主張が正しいと認められて、家庭裁判所が相手方に有利な調停内容をまとめる（たとえば離婚を認める）ことはありません。調停が不成立になるだけです。ただし、その後も離婚調停を続けるのであれば、調停を無断欠席すると、調停委員の心証《しんしょう》を悪くします。調停委員を味方にするのが調停を有利に進める鉄則ですから、結果的に不利になるのは言うまでもありません。

◆正当な理由がないのに調停に出ないと5万円以下の過料

離婚調停は、夫婦双方の言い分が折り合わなければ、結局その調停は不成立です。相手方の離婚要求に応じる気がなければ、最初から調停に出なければいいではないかと、考える人もいるでしょう。しかし、**正当な理由がないのに調停期日に出頭しないと、家庭裁判所から5万円以下の過料《かりょう》**に処せられる場合があります（家事事件手続法51条3項）。これは、罰金のような刑事罰ではなく、交通違反の反則金と同じで、行政罰です。前科は付きませんが、出頭できない正当な理由があるなら、キチンと申し出て期日を変更してもらうべきです。また、相手方に会いたくなくても、正当な理由がなければ調停に出て、自分の言い分や意見をハッキリ言った方がいいでしょう。

POINT

離婚調停は、通知された呼出期日に夫婦双方が家庭裁判所に出頭し、始まります。調停を無断で欠席すると、過料の制裁を受けることがあります。

2

離婚調停の多くは数回で結論が出る

…離婚の合意ができれば他は審判で決めてもらうことも

◆調停が成立した事件の半数以上は調停回数3回まで

夫が離婚に応じてくれない。夫婦で離婚話をしているが子どもの親権や財産分与で揉めて話がまとまらない。離婚したいがどうすればいいかと、知人から時々、相談を受けます。そんなとき紹介するのが、離婚調停の手続きです。これなら、日頃法律に縁にない人でも、手軽に利用できます。調停の申立てから結論（**終局処分**《しゅうきょくしょぶん》という）が出るまで、手続きすべてを夫または妻本人が一人でできることは、第1章、第2章で詳しく紹介しました。

離婚調停が、夫婦間の話合いで離婚できない人にとっては利用しやすい解決手続きであることは、終局処分までの期間の短さや実際の調停回数の少なさにもよく顕《あらわ》れています。たとえば、損害賠償や借金返済を求める裁判（民事訴訟）では、判決が出るまで通常1年以上かかりますが、離婚など夫婦関係の調停は、その約6割が半年以内

●調停手続き終了までの実施回数とその期間

（令和４年司法統計年報家事編より）

全国の家庭裁判所に申し立てられた婚姻関係事件のうち、令和４年中に、調停成立、不成立など、結果の出た事件（終局事件）は、次の通りです。

婚姻関係事件	５万7,062件
（うち離婚事件）	３万5,013件

調停が成立した事件	２万7,124件（47.5%）
（うち離婚事件）	１万5,666件（44.7%）

事件終了までの期間（全事件）

６か月以内	58.1%（調停成立事件57.6%）
１年以内	87.3%（調停成立事件87.7%）

調停（審判含む）の実施回数（全事件）

３回以内	57.7%（調停成立事件53.3%）
10回以内	97.5%（調停成立事件97.1%）

※婚姻関係事件には、離婚、夫婦円満調整、同居・協力扶助、婚姻費用分担の他、夫婦をめぐる紛争すべての調停（審判）事件が含まれます。

に終局処分まで済んでしまうのです。ほとんどの事件は、1年以内に終わります。

また、調停が成立するにしろ、不成立になるにしろ、夫婦がその結論を出すまでの調停回数は、事件の約6割が3回までです。長くても、10回以内には結論が出るケースがほとんどです（前頁表参照）。しかも、1回の調停時間は概《おおむ》ね2時間ほどですから、裁判と比べて、当事者の負担がはるかに小さいことがわかるでしょう。

もっとも、裁判所と聞くと、二の足を踏む人も多いようです。前にも説明しましたが、調停は裁判と違って、公開の法廷で相手方と白黒付ける手続きではありません。夫婦が家庭裁判所の調停室で、（裁判官と）2人以上の調停委員（調停委員会という）と一緒に話し合う手続きです。しかも、相手方とは調停の最初と最後に顔を会わすだけで、自分の言い分や意見を言う場に同席するわけではありません。負担の少ない手軽な制度なので、夫婦間のトラブル解決に積極的に利用してほしいと思います。

◆離婚調停を利用することで冷静になれる

夫婦だけの話合いが上手くいかない理由の一つに、夫と妻が互いに感情的になってしまうケースが上げられます。相手の言い分は一切認めず、自分の言い分だけを押し付けようとした経験のある読者も少なくないでしょう。しかし、離婚調停では、調停委員という第三者が間に入ることで、夫も妻も冷静になれるのです。互いの言い分が食い違っても、離婚したいと思えば調停委員の助言に耳を傾けます。たとえば、離婚原因が夫の浮気という場合、妻が法外な財産分与や慰謝料を要求することも少なくありません。夫婦だけで話し合うと、妻は要求額を1円も下げないのに、調停委員から妥当な金額を提示されると、折り合う金額を探ろうとします。

なお、離婚調停では、離婚以外にも、財産分与や慰謝料、子どもの親権や養育費について同時に調停を求める場合も少なくありません（92頁・調停申立書の「申立ての趣旨」参照）。しかし、すべての項目を同時に解決する必要はないのです。まず離婚についてだけ調停を成立させ、他は離婚後に再び話合いをすることにしたり、離婚以外は家庭裁判所に判断を委《ゆだ》ねることもできます（財産分与や未成年の子の養育費、監護者指定などは、調停不成立でも自動的に審判に移行する場合もある）。

POINT

離婚調停の半数以上は半年以内、3回以内で結論が出ます。離婚の調停だけを成立させ、後は家庭裁判所の審判に任せるのも一つの手です。

3

調停委員が夫婦双方から交互に意見を聞いて離婚調停をまとめていく

…調停の最初と最後だけは夫婦同席が原則

◆離婚調停の場には、当事者の夫婦以外、裁判官と調停委員しかいない

離婚調停は、家庭裁判所の調停室で行われます（原則・家事事件手続法２６５条）。調停室は、左頁の図①のように、当事者（夫と妻）と調停委員会のメンバー（裁判官と調停委員２名以上）とが向き合って座る家庭裁判所もあれば、円形テーブルを使う裁判所もあるようです。

なお、調停は裁判と違って**非公開**ですので、部屋には原則として、**当事者と調停委員会のメンバーしかいません**（未成年の子の親権者や監護者を指定する必要がある場合、**家庭裁判所調査官**が調停に立ち会うこともある）。ただし、夫や妻の代理人である弁護士は同席できます。

調停委員（夫婦親子間の紛争の場合は**家事調停委員**という）とは、夫や妻からそれぞれの言い分や意見を聞き、その夫婦に必要なトラブル解決の助言をして、夫婦間の

離婚調停の流れ・・・調停はどう進むか

①調停の始まり（双方立会手続説明）

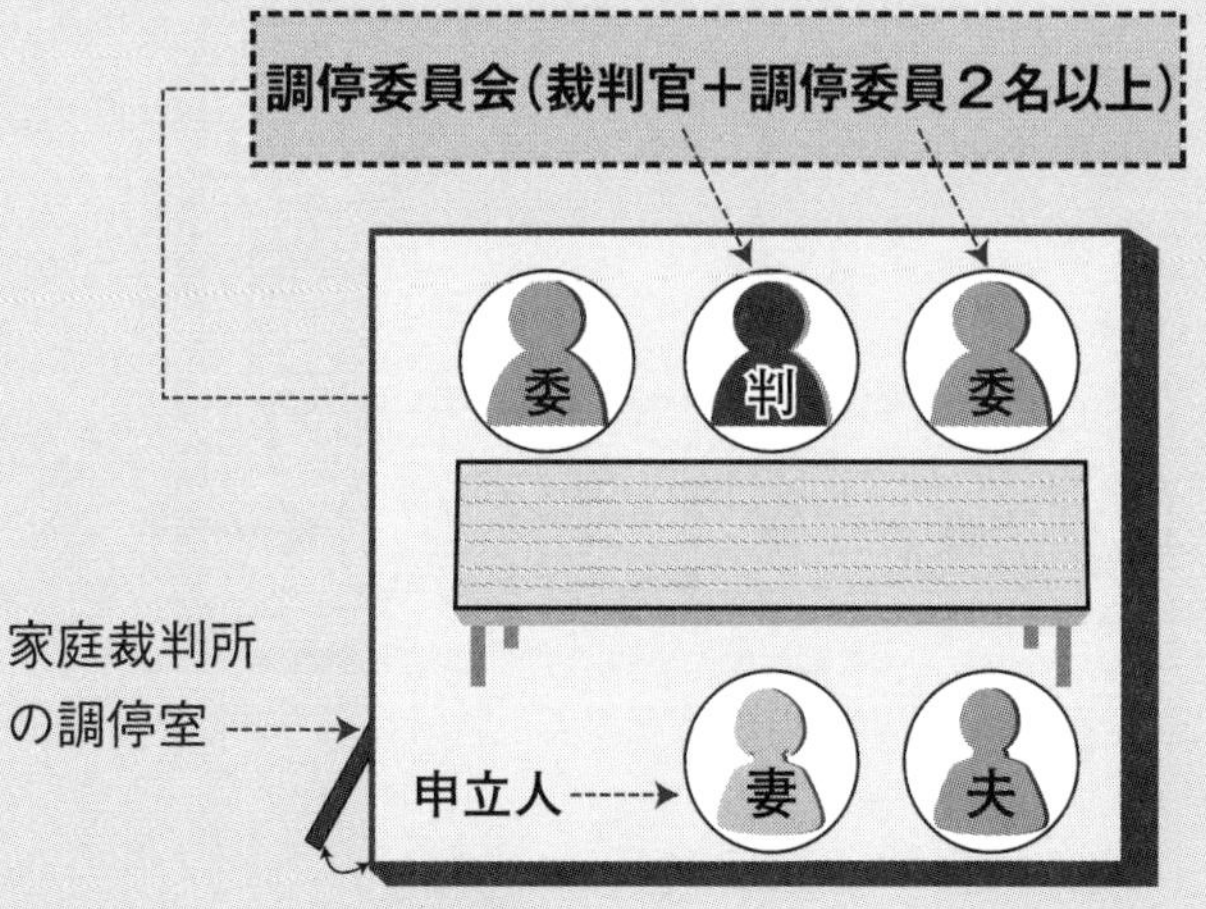

②申立人からの意見聴取

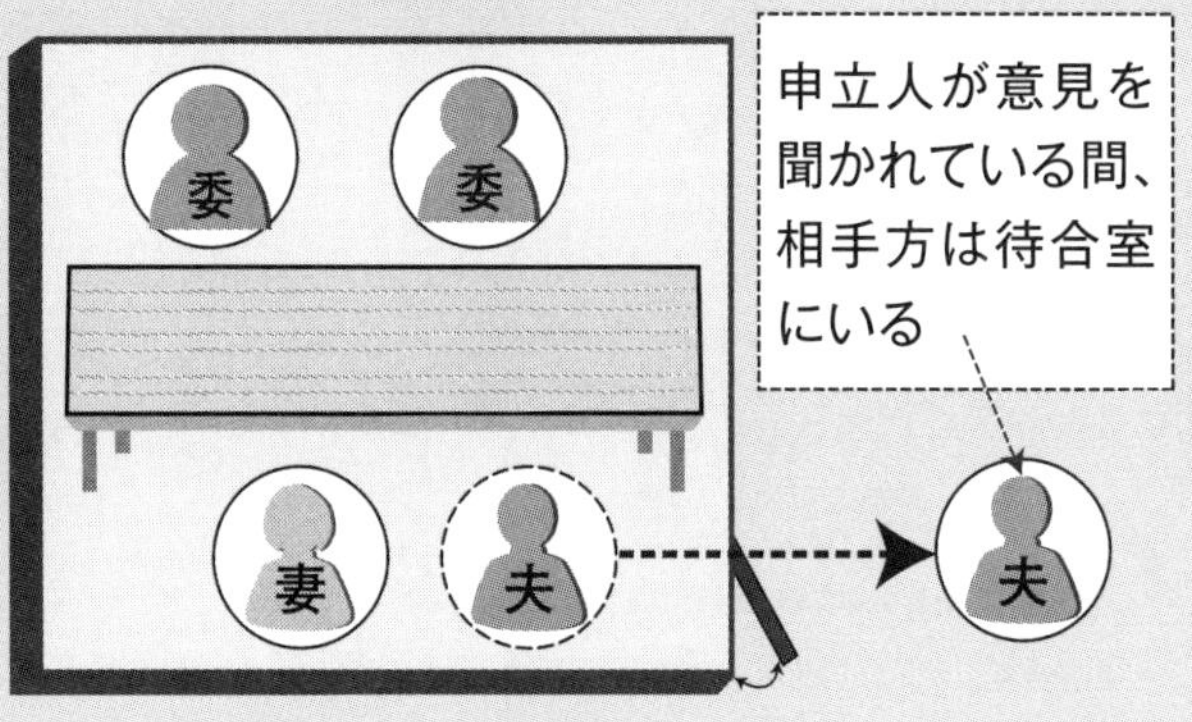

離婚調停の流れ…調停はどう進むか

（前ページからの続き）

③相手方からの意見聴取

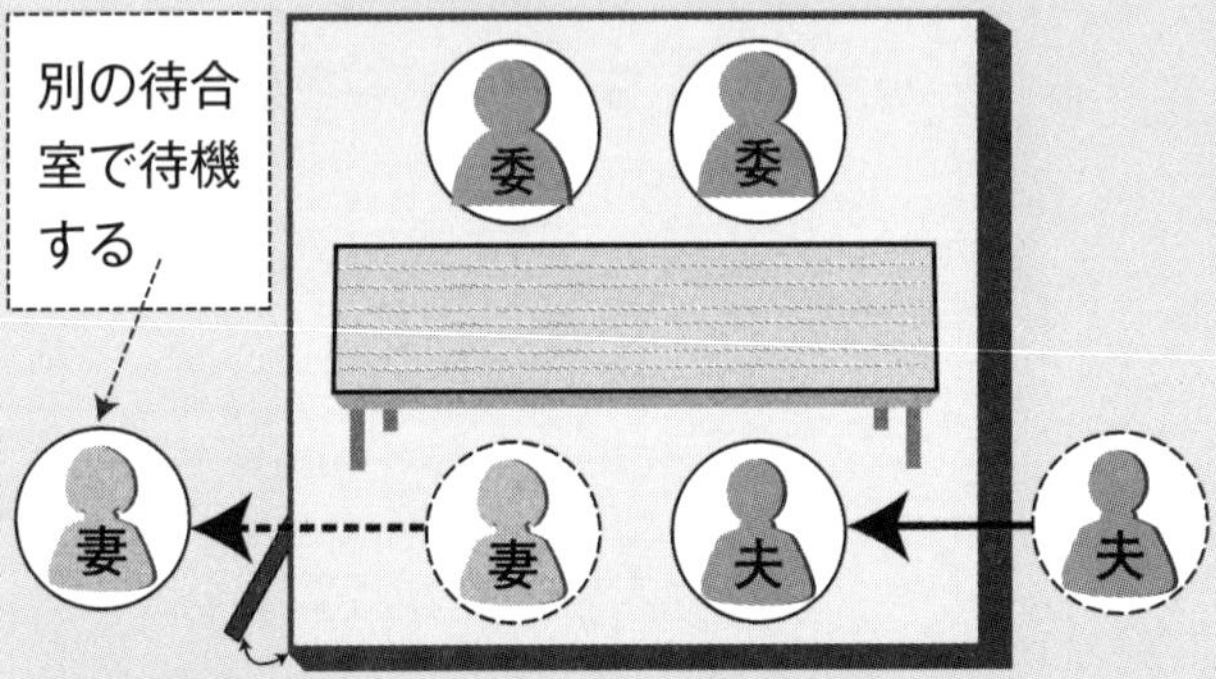

＊調停委員は交互に意見を聴く（②③を繰り返す）

④調停の終了（次回期日の確認など）

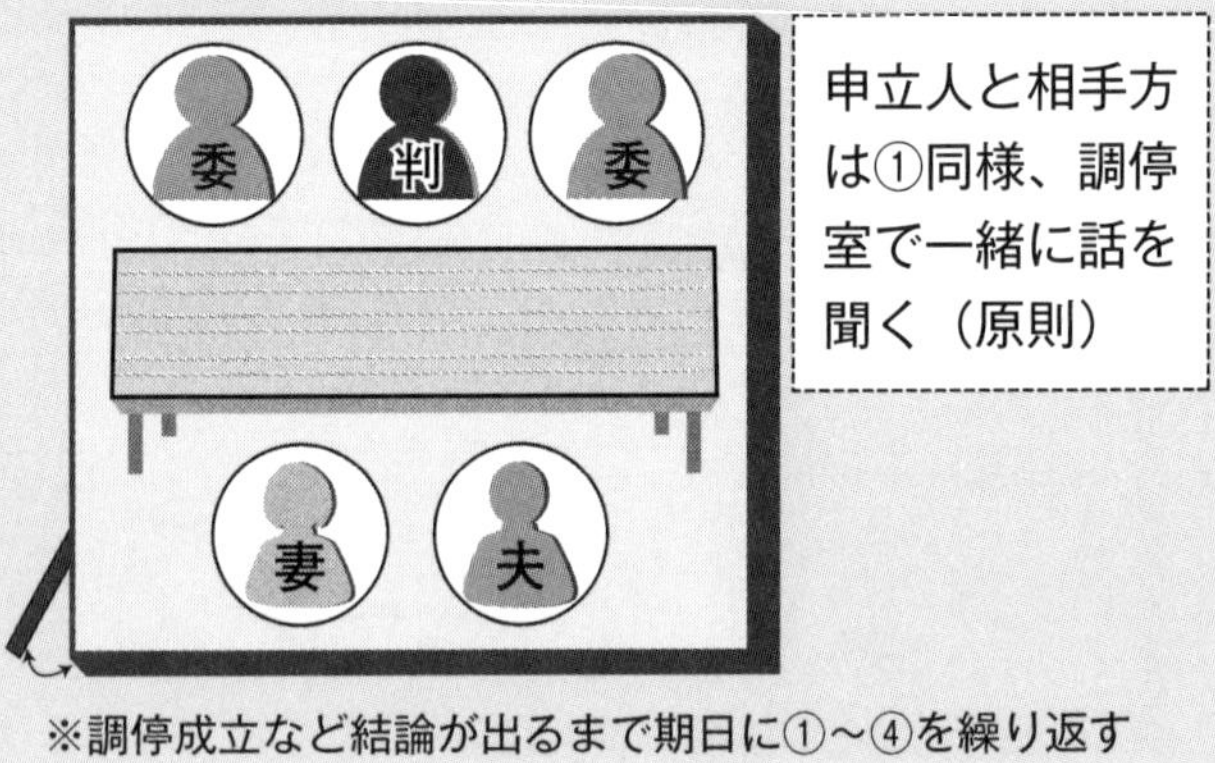

※調停成立など結論が出るまで期日に①～④を繰り返す

話合いをまとめる手助けをしてくれる人です。非常勤の国家公務員で、弁護士や大学教授など40歳以上70歳未満の専門家や会社役員といった、地域の有識者から選ばれます。通常調停委員は２名で、離婚調停など家事調停では男女１名ずつです。

◆調停成立など結論がまとまるまで調停は繰り返される

離婚調停は、夫と妻が指定された期日（調停期日）に家庭裁判所に出頭して始まります（１１４頁～１１５頁図解参照）。１回の調停時間は概ね《おおむね》２時間です。当日の調停の進め方は、１２５頁および前頁の図①～④のようになります。

夫婦はまず、調停室で一緒に、調停手続きの進め方などについて説明を受け（双方立会手続説明・図①）、その後は、交互に調停委員から話を聞かれるのです（図②③）。たとえば、妻が調停室で話を聞かれている間、夫は待合室で待機しています。妻の話が済むと、夫が調停室に呼ばれ、妻は夫の話が終わり、再度呼ばれるまで、待合室で待機するのです（夫と妻の待合室は別々の部屋）。その間は、二人が顔を会わせることはありません。

そして、双方からの意見聴取が終わると、最後にまた夫婦そろって調停室に呼ばれます。調停成立など結論（**終局処分**《しゅうきょくしょぶん》）が出た場合は夫婦でその内容を確認し、出ない場合は、次回期日や次回までの宿題（必要な資料の提出や妥協できる範囲をまとめるなど、調停成立に向けての課題）を指示され、その日の調停を終わります（図④）。

もちろん、ＤＶの恐れがある場合などは、事前に夫または妻から申出がある（事情説明書・94頁、進行に関する照会回答書《しょうかいかいとうしょ》・98頁参照）と、家庭裁判所では当事者を同室にしないなどの配慮をしてくれます。

なお、1回の調停で結論が出なければ次回の調停期日を決め、結論が出るまで調停（図①～④）を続けます。ただし、離婚調停の約6割は3回以内に終局処分が出るようです（１２１頁参照）。

調停が成立した場合には、その内容を記載した調停証書が作成されます。その内容は、確定判決と同じ効果があるのです。

POINT

離婚調停は、調停委員が夫と妻双方から交互に言い分を聞き、話を進めますが、調停の最初と最後だけは夫婦同席で面接をします。

4

離婚調停では、まず調停委員を味方に付けることを考えよう

…服装や話し方、態度も重要である

◆「誠実」「冷静」「協調」の心構えで調停に臨むとポイントが高い

「調停委員を味方に付ける」というのは、自分に対する調停委員の心証を良くするということです。調停委員は公平な立場で、夫婦双方の言い分を聞きますから、好印象を受けたからといって、当事者の一方に極端に肩入れしたり、有利な条件を相手方に強要するようなことは、もちろんしません。ただ、調停委員も人ですから、聴取する夫や妻の置かれた立場に同情することもあれば、また当事者に好悪の感情を抱くこともあります。好印象を与えた当事者の方が、より丁寧《ていねい》な対応をしてもらえるのは言うまでもありません。

では、調停委員の心証《しんしょう》を良くするには、どんな点に気を付けたらいいでしょうか。

具体的には、次頁に例示した項目がクリアーできていれば、調停委員の心証はいいと思います。自分で、いくつ該当するかチェックしてみてください。チェックできた

●調停委員との面接で注意したいポイントは

離婚調停の際、調停委員に好印象を与える夫や妻の言動には、次のようなものがあります。できていると思う項目に、チェックを入れてください。

あなたは、いくつチェックできましたか。

□ 申立書など必要な資料は準備してある
□ 前回調停の宿題は済ませてある
□ 服装など不快感を与えない身だしなみをしている
□ 調停委員との面接で冷静な対応ができている
□ 調停委員の質問にはテキパキ答えている
□ わからないことは知ったかぶりしない
□ 自分の言い分が通らなくても感情的にならない
□ 相手方への要求や希望など、自分の言い分や意見がまとまっている
□ 要求内容は妥当なもので、法外なものではない
□ 相手方を一方的に非難したり、誹《ひ》謗《ぼう》中《ちゅう》傷《しょう》しない
□ 相手方の言い分や意見にも耳を傾ける
□ 自分に非があれば、素直に謝罪する
□ 調停を成立させる意思を本心から表明している
□ 調停成立のために多少の妥協はする気持ちはある
□ 調停委員の意見や仲介を素直に聞き、考慮する

数が極端に少ない人は、問題です。調停委員からいい加減で信頼できないと思われる可能性があります。また、相手方の言い分をまったく認めない人は、協調性に欠け、離婚調停を成立させる意思がないと判断されるでしょう。一般的に、「冷静」「誠実」「協調」が、調停委員の心証を良くするポイントです。

◆調停委員に泣き落としは通用しない

自分に都合が悪くなると、すぐ泣く人がいますが、これも調停委員にはあまり効果がありません。感情的になりすぎると、かえって心証を悪くすることもあります。

なお、服装や話し方については、お受験やリクルートを経験している読者の皆様には、よくおわかりのことと思いますので、本書では割愛します。ただ、ブランド物で着飾ることや横柄な物言いはマイナスです。

POINT

離婚調停を有利に進めるには、調停委員を味方に付けることです。誠実な受け答えや誠実な態度はポイントが高いと考えてください。

5

一方的、感情的な主張を続けると、まとまる調停もまとまらない

…調停委員の意見や相手方の言い分にも耳を傾けろ

◆調停委員は双方が妥協しやすい結論を助言する

離婚調停の当事者（夫または妻）の中には、自分の言い分が絶対に正しいと、言い張る人もいます。こういう人は、相手方の言い分どころか調停委員の助言にも一切耳を貸そうとしません。自分の考えと少しでも違うと感情的になり、調停委員に食ってかかる人もいるようです。しかし、調停委員は公平な立場で、もっとも妥当な解決法を助言してくれるのだ、ということを忘れないでください。

たしかに、慰謝料や財産分与、養育費など離婚給付については、一方の主張を丸々認めることはありません。調停委員の仲介案は、双方の言い分の間を取ることが多いでしょう。そのため、不満を感じる当事者も多いと思います。しかし、自分の考えと違うからと言って、感情的になったり、無視するのは得策ではありません。相手方の言い分や調停委員の意見には真摯《しんし》に耳を傾け、その上で反論することです。

◆相手方の言い分を無視すると、調停をまとめる意思がないと判断される

調停委員が助言する離婚給付の金額は、夫婦双方の収入や財産、その生活環境なども考慮して出すので、妥当なものです。審判や裁判で家庭裁判所が認める金額と比べ、そう変わりないと思います。しかし、調停は裁判と違い、裁判所が白黒付けるものではありません。調停委員の仲介案に不満なら、感情的にならず、キチンと反論すればいいのです。反論内容が不適切でなければ、調停委員は相手方に伝えてくれます。

しかし、自分の言い分だけに固執《こしゅう》するあまり、それ以外の意見を一切受け付けないと、調停をまとめる意思がないと判断され、調停は不成立となります。その場合、相手方が離婚訴訟を起こすと、結果的に、調停委員の提示額が採用される可能性も高いでしょう。調停を成立させたいなら、感情的反論はやめ、相手方の言い分や調停委員の意見にも耳を傾けて、時には妥協も考えてください。

POINT

相手の言い分を一切聞かない人は、離婚調停をまとめる意思がないと判断されます。また、感情的な対応もマイナスです。

6

相手方を非難するばかりだと調停委員を味方にはできない

…相手方を誹謗中傷すると、調停委員の心証は悪い

◆相手方の悪口を言うことは、自分の正当性を主張することではない

申立人（夫または妻）の中には、「自分には一切責任はない、悪いのは相手方だ」と、一方的に相手方を非難する人がいます。しかし、離婚原因が相手方にあっても、夫婦関係は歴史です。遡《さかのぼ》れば、その関係が円満な時代もあり、また離婚話には至らなくても、夫婦双方に非があるトラブルも一度や二度あったはずです。

たとえば、夫の浮気が原因で離婚調停に至ったとしても、妻が一方的に夫の行為をなじり非難するより、円満だった時代のエピソードを入れながら、離婚に至る経緯《けいい》を説明する方が、申立人に対する調停委員の心証《しんしょう》は当然よくなります。しかし、怒りに任せて夫を非難するばかりでは、具体的な離婚の話合いに中々入れません。これでは、せっかく離婚調停を申し立てても、結果的に何も解決しないのです。妻本人は、夫の悪口を言うことで自分の正当性を主張したつもりでしょうが、調停委員は妻の言い分

をさほど評価しませんし、心証も悪くなります。

◆相手方を非難してばかりでは何も解決しない

申立人は、離婚や離婚条件をまとめるために離婚調停を起こしたのですから、調停成立を目指して建設的な対応をしなければいけません。相手方に対する怒りや非難は胸の中に封印し、調停委員を通じて互いに妥協できる離婚条件を話し合うことです。もちろん、そういう前向きな態度は調停委員の心証を良くします。調停委員を味方にするというのは、こういうことなのです。

なお、申立人が相手方を誹謗中傷《ひぼうちゅうしょう》することは珍しくありませんが、調停委員の心証を悪くするばかりでなく、相手方から名誉棄損《めいよきそん》だとして、訴えられることもあります（**不法行為**・民法７１０条）。怒りに任せた言動は注意してください。

POINT

相手方に離婚原因があっても、一方的に非難したり、誹謗中傷すると、調停委員の心証は悪くなります。

7

調停委員にウソをつくと離婚調停は自分ペースで進まなくなる

…ウソや誇張は簡単に見抜かれる

◆自分に不利な事実を隠すと、調停委員は敵になる

離婚調停の当事者（夫または妻）は、離婚のいきさつや動機など、その事実関係を自分に都合のいいように説明したり、相手方の非をことさら大袈裟《おおげさ》に言い立てる傾向があります。中には、自分に不利な事実を隠したり、ウソをつく人もいますが、調停委員はプロです。面接を繰り返す間に、そのウソを見破ってしまいます。ダマすことなどできない、と思ってください。

調停委員を味方にしたければ、自分に不利な事実でも隠さず正直に話すことです。

もちろん、ウソもいけません。

◆ウソがバレると、調停委員の信頼を失う

離婚訴訟でウソをつくと、子の監護者の指定や財産分与など**付《ふ》帯《たい》処《しょ》分《ぶん》**（人事訴訟法

32条）で不利な判決が出ることもあります。また、当事者本人が法廷での尋問《じんもん》でウソをつく（**虚偽陳述**《きょぎちんじゅつ》）と、10万円以下の過料《かりょう》の制裁を受けることがあります。

しかし、離婚調停では、ウソをついたからといって、その結論が不利になることはありません。また、調停不出頭の場合と違い、過料などの処分もないのです。ただ、調停委員の心証《しんしょう》は悪くなるので、その言い分や意見に対する信頼は失われます。調停による解決を望む場合には、結果的に不利になると言わざるを得ません。

たとえば、妻がダブル不倫を隠して、夫の浮気を理由に離婚調停を起こし、慰謝料や財産分与を請求したとします。調停でも、妻は自分の不倫を否定しましたが、夫が証拠写真を出したため、ウソがバレてしまったとしましょう。この場合、妻に対する調停委員の信頼は失われ、それ以外の妻の言い分や提出資料も当然信用を失います。最初から真実を認めた場合と比べ、その後の調停は夫ペースの傾向大です。

POINT

調停委員にはウソや誇張は通用しません。ウソがバレて、調停委員の信頼を失うと、調停を有利に進めることができなくなります。

8

相手方の言い分が間違っているときはあいまいにしない

…否定しないと相手方の言い分が正しくなる

◆自分の考えをハッキリ言うことは相手方を誹謗中傷することではない

離婚調停では、当事者である夫と妻の言い分が食い違うのが普通です。離婚原因は何か、どちらに非があるか、また未成年の子の親権者《しんけんしゃ》や監護者《かんごしゃ》はどちらが相応《ふさわ》しいかなど、その意見が大きく隔たることも珍しくないでしょう。

調停委員は明らかなウソや大げさの言い分を除けば、夫婦と交互に面接しながら、どちらの言い分が正しいかを判断したり、互いに妥協できそうな落としどころを探ります。当然、その心証《しんしょう》の良い方が、調停は有利に進むでしょう。これまでにも、感情的な態度や一方的な主張は調停委員の心証を悪くすると、説明してきました。

もっとも、これは相手方の言い分や意見を黙って受け入れろ、調停委員の助言には反論するな、ということではありません。相手方の言い分や意見が間違っていれば、ハッキリその誤りを指摘すべきですし、自分の言い分の方が正しいと思えば、その旨を堂々と主張すべきです。これは、調停委員の助言に対しても同じことが言えます。反論することは、相手方を誹《ひ》謗《ぼう》中《ちゅう》傷《しょう》したことにはなりません。

◆あいまいな回答や態度をとる夫や妻は、調停委員を味方にはできない

離婚調停では、たとえば夫が離婚原因は妻にあると主張しても、調停委員はそれを鵜《う》呑《の》みにすることはありません。通常、妻にも同様の質問をしますし、夫の言い分に対する反論を聞いて、その正否を判断するのが普通です。しかし、相手方の言い分が間違っていると思っても、ハッキリ否定せず、あいまいな回答や態度をとる当事者もいます。この場合、調停委員は、相手方の言い分が正しいと判断する可能性が高いです。わからないことは、わからないと答えてかまいませんが、聞かれた質問に、あいまいな回答や態度を取ると、調停は不利になることがあるので注意してください。

POINT

相手方の言い分が間違っている場合、ハッキリ指摘してください。あいまいな回答や態度をとると、調停は不利になることがあります。

9

調停委員の出す解決案は常識的で受け入れやすい

…一般の人から見れば納得できる妥当なものが多い

◆夫婦のあり方や離婚についての考え方は一般市民の感覚に近い

離婚調停を担当する調停委員（**家《か》事《じ》調停《ちょうてい》委員《いいん》**という）は、概《おおむ》ね50歳以上の人生経験豊富な人です。公平な市民感覚に近い判断をしてくれますが、夫婦のあり方や離婚についての考え方は常識的で、かつ保守的な人が多いとも言われます。一方、離婚調停（婚姻関係事件）の当事者の年齢は、夫の70・0%、妻の76・7%が50歳未満（令和4年司法統計年報家事編）です。その夫婦観は当然、調停委員とは異なります。

実際、夫の浮気が原因で離婚調停を申し立てたところ、調停委員から「ご主人はもう浮気しないと言ってます。許してあげなさい。家族のために働いてくれてるんだし、一度や二度の浮気で離婚なんて少し大げさよ」と、逆にたしなめられたという専業主婦もいます。彼女は、調停委員は自分の味方で夫に離婚を勧《すす》めると思っていたそうです。調停後、「悪いのは私みたいな言い方をされた」と、怒っていました。

しかし、調停委員は長年の経験で、この夫婦はやり直せると考え、復縁を勧《すす》めたのでしょう。結局、調停は不成立で、その妻は別居し、事実上の離婚を選んだのです。

◆調停委員の心証を良くしたいからと迎合する必要はない

離婚調停では調停委員を味方にすることは大切ですが、その指摘や助言に迎合《げいごう》することはありません。事例のケースは調停不成立でしたが、「誠実」「冷静」「協調」の心構えを忘れない限り（129頁参照）、自分の考えと違う調停委員の指摘や助言に反論したからといって、その心証が悪くなることはありません。

もっとも、調停委員が出してくる意見や助言は、社会一般の人から見れば十分納得できる妥当なものも多いと思います。調停をまとめたいのであれば、自分の言い分や考えに固執《こしゅう》して、検討もせずに拒絶することだけは止めてください。

POINT

調停委員が提案してくる解決案は概《おおむ》ね公平で常識的なものです。迎合する必要はありませんが、妥協できないかどうか検討してください。

10

調停の場を想定してリハーサルをしてみる

…自分の言い分を十分伝えられずに悔やむことも多い

◆事前に練習しておくと、実際の調停で慌てることはない

1回の調停時間は、概《おおむ》ね2時間ほどです。ただし、夫婦同席の双方立会手続説明と次回期日の確認の時間を除けば、夫と妻が、それぞれ調停委員と面接できる実際の時間は各自1時間にも満たないでしょう。その短い時間の中で、調停委員からの質問（聴聞《ちょうもん》）に正確に答え、自分の言い分を的確に伝えることは容易ではありません。

裁判と違って非公開とはいえ、一般の人には裁判所は堅苦しい場所です。大抵の人は緊張して、言いたいことの半分も言えないでしょう。その結果、調停委員は相手方の言い分を正しいと判断し、調停自体が不利になることも少なくないのです。

離婚調停を上手に乗り切るには、事前に調停を想定したリハーサルをした方がいいでしょう。そうすれば、実際の離婚調停では返答に詰まることもありません。通常、家庭裁判所から通知される調停期日は、申立てをしてから1か月から2か月後です。

調停委員の質問を想定し、答えを考える

【事例】 3歳の子のいる共稼ぎの夫婦。ダブル不倫を隠して、妻が夫の浮気を理由に、離婚を求める。子の引取りをめぐり揉めている。

自分（妻）の不利な点、言い分の欠陥を考える
（不倫を隠している、子の養育時間が取れない・など）

↓

相手方（夫）の反論、言い分を予想する
（収入は妻より多く、実母が子の養育をする・など）

↓

調停委員の聞き取りの内容を予想する
（ダブル不倫の事実、子の養育環境・など）

↓

- 調停で不倫を隠し続けた場合
- 調停で不倫を正直に話した場合

↓

- 子の親権は夫に渡すが、監護権は自分が取ることで妥協する
- 親権も渡さない場合

リハーサルをする時間は十分あると思います。実際の離婚調停でテキパキ受け答えができれば、調停委員の心証《しんしょう》が良くなるのは言うまでもありません。

◆相手方の言い分や自分の主張への反論も予想しておく

リハーサルが必要な項目は様々ですが、ここでは調停委員の質問（聴聞《ちょうもん》）に冷静に対応し、感情的にならずに済む準備の仕方を紹介します。重要なのは、調停委員から聞かれるであろう内容を想定し、その答えを考えておくことです（前頁図参照）。想定が必要な内容は大きく分けて、①自分の言い分（申立書や事情説明書の記載内容含む）に対する相手方の反論や調停委員の質問、そして②相手方の言い分があります。

自分に不利な状況も想定し（隠していたダブル不倫がバレた場合など）、その場合の回答や反論も考えておくと、実際の調停でも慌《あわ》てずに済みます。

POINT

調停で上がってしまい、言いたいことの半分も言えなかったという話はよく聞きます。事前に練習すると、実際の調停にも落ち着いてのぞめます。

11

調停をまとめたければ相手方と妥協することも必要

…調停不成立で裁判にするより得である

◆調停委員の出す財産分与や慰謝料の妥協案は裁判の場合とほぼ同じ

離婚調停が不成立となった場合、申立人が離婚や離婚給付を求めるには、家庭裁判所に離婚訴訟を起こさなければなりません（人事訴訟法2条）。ただ、裁判は本人だけで行うのは困難で、弁護士を頼むのが普通です。判決までの時間や費用を考えたら、裁判に勝っても必ず得するとは限りません。相手方が離婚に同意している場合には、子どもの問題や財産分与などの離婚給付は、相手方と妥協することも必要です。

たとえば、離婚調停で妻が、財産分与と慰謝料として夫の全財産を要求しているとしましょう。夫としては、離婚には異存がなくても、こんな要求を呑《の》めるわけがありません。夫は払える金額を調停委員に提示し、調停委員はその内容を妻に伝えます。妻が、その内容を受け入れれば調停成立です。しかし、話がまとまらない場合、調停委員は双方の収入や財産などを考慮して独自の妥協案を作成し、双方に提案することもあります。一般的に、その妥協案は過去の判例や調停事案の考え方に沿ったもので、妥当な内容です。離婚訴訟になった場合の結論とも、そう大きな差はないでしょう。裁判で無駄な時間と費用をかけるより調停委員の妥協案を受け入れる方が、結果的には得なはずです。離婚の意思があるなら、相手方の言い分や調停委員の意見にも耳を傾け、ときには妥協することも考えてください。

◆調停に勝つとは必ず離婚することではない、ときには復縁してもいい

離婚調停を起こした人が、必ずしも離婚を望んでいるとは限りません。夫婦ゲンカの末、成り行きで家庭裁判所に駆け込む人もいるからです。調停委員は、その夫婦がやり直せると考えると、双方に復縁（婚姻継続）を助言する場合もあります。

結婚生活を続けられると思ったら、調停を取り下げ、二人でやり直してください。

POINT

離婚するにしても、復縁するにしても、調停で結論を出した方が得です。調停委員の妥協案は結果的に損しないことが多いと言えます。

12

離婚調停で離婚に合意したら離婚給付や面会交流も一緒に決めておく

…離婚後でも請求はできるが面倒である

◆申立ての趣旨に記載しておけば、調停委員が助言してくれる

離婚調停では、離婚の他に、未成年の子の親権者《しんけんしゃ》や監護者《かんごしゃ》の指定、面会交流、財産分与や養育費など、様々な**付随項目の調停**も求めることができます（92頁サンプル1「申立ての趣旨」参照）。ただし、そのすべての項目が合意できなければ、調停が成立しないというわけではありません。未成年の子の親権者を決めれば（調停で合意できない場合、家庭裁判所が審判で決めてくれる）、離婚だけ調停を成立させることも可能です。その他の項目については、離婚後改めて調停を起こすこともできますし、財産分与や養育費、面会交流などは審判に自動的に移行する場合もあります。

しかし、相手方からＤＶを受けているなど、当事者に離婚を急がなければならない事情がある場合を除けば、付随項目についても、同時に決めてしまうことをお勧《すす》めします。とくに、離婚給付については離婚後だと面倒です。たとえば、相手方が遠方に

越してしまったり、夫婦共有財産を使い切ったり（費消《ひしょう》という）、リストラなどで収入が激減してしまうこともあるからで、そうなると、まず払ってもらえません。

調停委員は、「申立ての趣旨」に記載してある項目についても、一緒に結論をまとめられるよう妥協案を助言してくれます。財産分与や養育費については、自分が考えている金額でなくても、妥協可能かどうか一応は検討すべきです。

◆離婚後に請求する場合、時効があることを忘れないように

協議離婚した夫婦の中には、とにかく離婚したいと、それ以外のことは何も決めずに離婚届を出すことがあります。この場合も、離婚後に財産分与や慰謝料、養育費を相手方に請求できますし、夫婦間の話合いがダメなら、それぞれ調停を起こせます。ただし、財産分与は離婚後2年以内に、慰謝料は3年以内に請求してください。

POINT

離婚調停で離婚の合意が出来たら、財産分与や養育費、未成年の子との面会交流など、その他の要求も同時に決めたいものです。

◇具体例20でみる離婚調停の注意点と対処法

調停委員を味方に付けるには
こう受け答えすればいい

★同じ言い分でも、得する受け答え、損する受け答えがある

　令和４年に離婚した夫婦は18万３１０３組（令和５年18万７７９８組＝速報値）、うち調停離婚は１万８３３３組で、離婚全体の10・０％でした。調停離婚が離婚全体に占める割合は、平成20年以降、今日まで毎年１割を超えています（令和４年司法統計年報家事編）。なお、令和４年に結論（終局処分）が出た離婚調停のうち、調停離婚が成立したのは４割強でした（婚姻関係事件全体では３割強）。

　離婚できるかどうかは、結局は相手方と妥協できるかどうかです。そのためには、調停委員を味方にして有効な解決案や助言を引き出せるかどうかにかかっています。ここでは、離婚調停の席で、調停委員とどう関われればいいか、受け答えはどうすれば有利かなど、その対応の注意点と対処法を具体例で紹介します。

ケース①

夫に子どもの親権を渡したくないが・・・

夫と話し合い、離婚することにしました。ただ、お互いに小2の息子の親権者には自分がなると譲らないため、離婚届が出せません。私は母親の自分が親権者になって引き取り、育てるのが当然だと考え、家庭裁判所に離婚調停を申し立てました。

しかし、夫の答弁書には、①妻は常勤なので息子の養育に十分な時間が取れないこと、②一方、夫も常勤の会社員だが近くに実母がおり、帰宅まで実母が孫の面倒を見ることができるので、親権者には父親の自分が相応《ふさわ》しい、と書かれていたそうです。近く第二回調停がありますが、息子を引き取るのはどちらが相応《ふさわ》しいか、調停委員からどんな意見が出されるか、私としては少々不安です。

★

●子どもの親権者と引き取って育てる人は同じであることが望ましいが…

あまり心配はいりません。一般的に、小学校低学年までの子どもは、母親の手元で育てるのが望ましいと、家庭裁判所や実務家は考えます。たしかに、あなたの場合、息子さんと接する時間が余り取れないのは事実でしょう。だからといって、あなたが母親としての資質に欠けるとか、養育義務が果たせないということはありません。

家裁の考え方は、心身共にまだ未熟な児童の場合、母親が育てた方が子どもの成長にとってプラスになるという福祉上の観点から出たものです。調停委員も当然、その考え方を踏襲《とうしゅう》します。

母親が仕事で残業や出張を頻繁《ひんぱん》にするという事情があっても、保育所や託児所の利用など解決策は考えられ、その事情だけで夫より不利になることはありません。子どもは母親と暮らす方がいいと、通常は夫を説得してくれるはずです。

どうしても夫が折れてくれない場合、夫には親権（このケースでは、子の財産管理権のみを持つことになる）を譲り、妻が監護者（子と同居して養育する人）として子どもを引き取るという選択肢もあります。

POINT

実務上、幼い子は母親に育てさせる方がよいと判断されやすく（母親に子の虐待などの特殊事情のない場合）、仕事が忙しいというだけで不利にはなりません。

ケース②　妻から法外な財産分与を求められたが・・・

妻から離婚調停を起こされています。原因は、私が家庭を省《かえり》みなかったからだそうです。たしかに仕事が忙しく、妻との時間は余り取れなかったのは事実ですが、彼女を裏切ったわけではありません。なのに、いきなり離婚と言われても・・・。しかも、妻は専業主婦で生活費を出したこともないのに、財産分与として私名義の預金の半額と結婚する時に私が購入したマンションの半分を寄こせ、と言うのです。

「あなたの財産は、私の内助の功があったから作れたのよ。だから、その半分は私のものよ」というのが、妻の言い分です。しかし、結婚生活はたった3年、しかも預金の大半は結婚前に貯めたものだし、マンションの頭金は私の父親が出してくれたものです。なのに、財産の半分を渡さなければならないなんて、納得いきません。

●法外な請求は調停委員も認めない★

離婚の際、専業主婦も財産分与を要求できます。結婚前から持っていた財産、結婚後に相続や贈与で個人的に受け取った財産を除けば、結婚中に増えた夫婦の財産は、その名義がどちらであろうと、**夫婦共有財産**とみなされます。また、あなた方ご夫妻のように、妻が専業主婦で、夫だけが収入を得ている場合でも、その資産形成には妻の内助の功があった（2分の1の権利がある）というのが、法律の考え方です。

ですから、奥さんの主張は、あながち間違っていません。しかし、財産分与の対象は、結婚後に夫婦が協力して増やした資産です。結婚前から持っていた預金や親からもらったマンションの頭金はあなたの個人財産で、財産分与の対象にはなりません。よって、預金とマンションの半分などという法外な要求は、もちろん調停委員も認めないでしょう。安心して調停に望んでください。

なお、調停で財産分与を取り決めたケースでは、結婚生活が3年未満の夫婦の場合、6割近く（55・3％）は100万円未満の財産分与でした（令和4年司法統計年報）。

POINT

結婚期間中、夫一人の稼ぎで作った財産でも、妻には内助の功があり、離婚に際し、財産分与を要求できます。ただし、法外な要求はダメ。

ケース③

夫の浮気が許せないので、どうしても離婚したいが・・・

私、たまたま家に置き忘れた夫の携帯電話をみて、彼の浮気に気づきました。夫は最初否定しましたが、相手の女とのメールを突き付けると、「ほんの出来心なんだ、接待で何度か行ったクラブの女とつい一度だけ…」「もう二度と浮気はしない」など と、ひたすら謝りました。でも私、たった一度でも浮気は許せません。

離婚することにしました。でも、夫が応じないので、離婚調停を起こしたんです。ところが、家庭裁判所の第1回調停で、夫は調停委員に、「浮気の事実はない」と、否定したんです。私、余計腹が立ちましたよ。絶対、離婚です。でも、夫の携帯から浮気メールは消去されてますし、他に浮気の証拠はありません。

どうしたら調停委員を味方につけて、夫に離婚を勧《すす》めてもらえるでしょうか。

★

●たった一度の浮気では調停委員は離婚を勧めないことが多い

納得いかないかもしれませんが、あなたのケースでは離婚するより、このまま結婚生活を続けるよう助言する調停委員も多いと思います。というのは、ご主人は相手の女性と長期間不倫関係を続けていたわけではなく、本当に一度きりの浮気のようです。また、もう二度と浮気はしないと謝罪もしています。たしかに、浮気（**不貞行為**《ふていこうい》）は法律上、**離婚原因**の一つです（民法７７０条１号）が、現実の離婚訴訟では、たった一度の浮気では裁判所が離婚を認めないことがあります。離婚調停でも同じように、調停委員は「もう一度やり直してはどうか」と勧めるのが普通だと思います。

ところで、あなたはご主人のウソも許せないのでしょう。しかし、訴訟とは違い、それだけで調停があなたに決定的に有利になるということはありません。ただし、ご主人の浮気が今も続いていたり、あなたがＤＶ被害を受けたという場合には、調停委員は離婚の方向で話を進めてくれるでしょう。また、浮気の証拠は、ご主人との話合いの様子を録音したものやメールの内容を撮影しておくだけでも十分です。

POINT

一度の浮気では、調停委員は離婚を勧めるより、結婚生活をもう一度やり直すよう助言することも多いようです。

ケース④ 愛人からそそのかされた夫の離婚要求には応じたくないが・・・

この５年間、愛人の元に行ったきりの夫から、私と３人の子が住む自宅と夫名義の預金８００万円を渡すので、離婚してほしいと言われました。高２を頭に３人の子が成人するまで、養育費として月々12万円を払うと言います。夫は愛人との間に、来年小学生になる６歳の娘がいるので、愛人に私と別れるようそそのかされたのでしょう。結婚20年。互いに相手への愛情は残っていませんが、愛人の思いどおりになるのもしゃくで、私は離婚届にサインし、ハンを押すのを断りました。

すると、夫は離婚調停を起こしてきたのです。私、意地でも別れたくありません。

★

●離婚に応じなければ、調停は成立しない

ご主人のように、夫婦関係を破たんさせる原因を作った夫（または妻）を**有責配偶《ゆうせきはいぐう》者《しゃ》**といいます。裁判所は、有責配偶者からの離婚請求を原則認めません（※）。これは裁判（離婚訴訟）だけでなく、離婚調停でも同じです。

【※】裁判所が有責配偶者からの離婚請求を認める条件

最高裁は、昭和62年9月2日、35年振りに判例を変更し、有責配偶者からの離婚請求を認めました。ただし、無条件で容認したわけではなく、次の①～③の要件すべてをクリアーした場合に限って認められます。

①夫婦の**別居生活が長期間**に及んでいること（8年で認めた例もある）

②**未成熟の子がいな**いこと

③相手方配偶者が**離婚により精神的、社会的、経済的に極めて過酷な状態に置かれない**こと（相手方が経済的に困らないだけの金銭的な援助を行う・など）

右の①～③の要件を踏まえて、あなたの場合を考えてみましょう。

3人の子は全員未成年ですから、②がクリアーできません。また、別居期間5年も短すぎます。ご主人の離婚請求は、裁判でも調停でもまず認められません。

あなたに離婚の意思がなければ、そう調停委員に伝えればいいのです。あなたの側に、ご主人と同じ程度の離婚原因がある場合（たとえばダブル不倫など）を除けば、調停委員は離婚を勧めることはないと思います。あなたが離婚に応じなければ、この離婚調停は成立しません。ご主人も、その愛人も、諦《あきら》めるしかないのです。

●夫婦関係が修復不可能なら有利な条件での離婚も考えてみる

あなたは離婚に応じる必要はありませんが、意地だけで戸籍上の夫婦を続けることに意味があるかどうかは疑問です。提示された財産分与や養育費が妥当なものなら、

【養育費算定表・子ども3人】

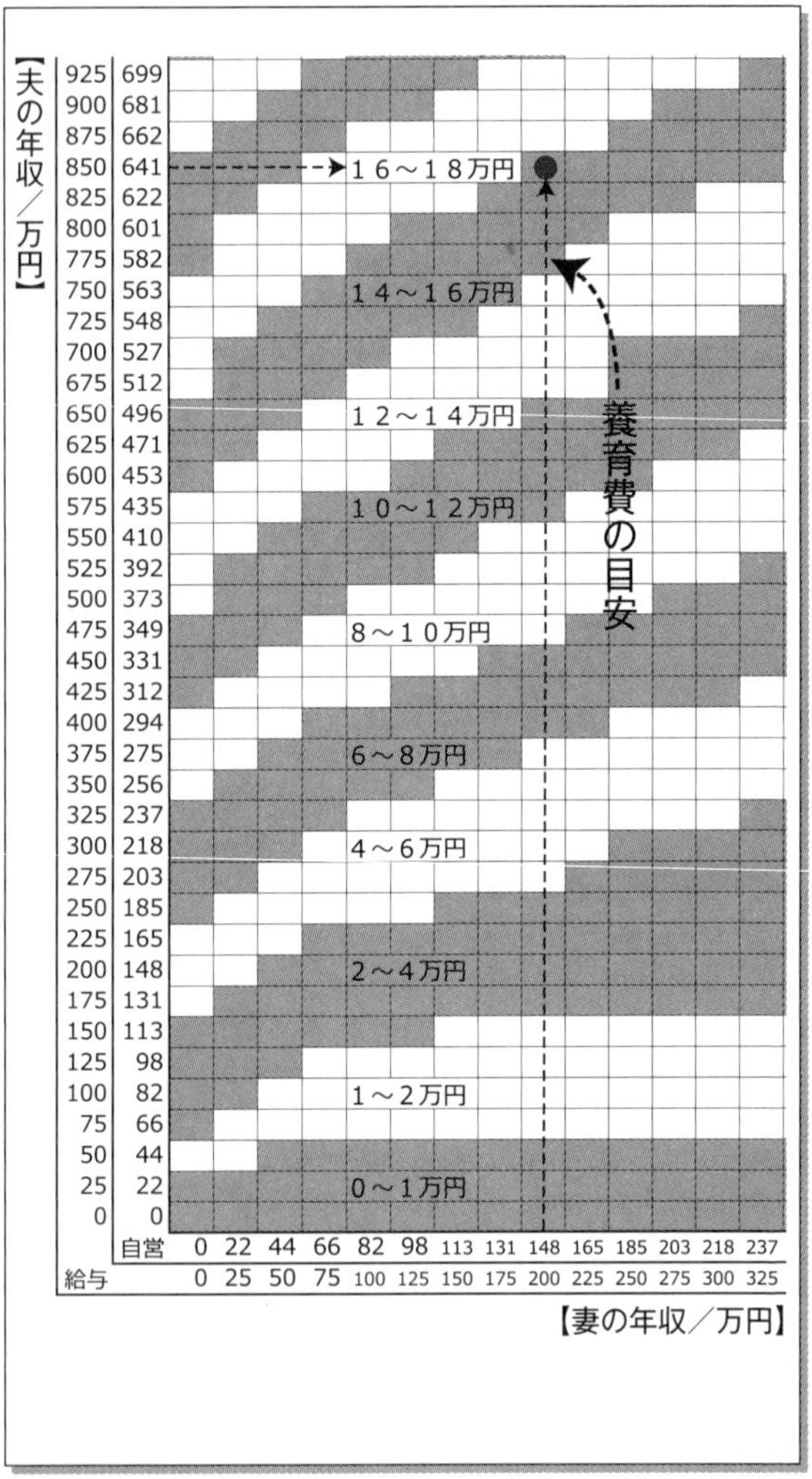

離婚して互いに別々の道を歩むことも検討してみるべきではないでしょうか。

たとえば、ご主人が自営業者で年収６５０万円、あなたはパートで年収２００万円、3人の子は17歳、16歳、13歳とします。夫婦共有財産の総額は不明ですが、ご主人が提示した自宅と預金８００万円は、財産分与と慰謝料の金額としては妥当でしょう。ただ、養育費の提示額は、やや低めです。右頁の図は家庭裁判所の養育費算定表ですが、このケースは月14万円～16万円になります。また、弁護士会の新算定表早わかりガイドを使うと、妥当な養育費は月20万円です（詳しくは2章第6項参照）。

最初から離婚を拒絶するのではなく、財産分与や慰謝料、養育費などでもっと有利な条件を引き出せないかどうか、まず交渉してみてはいかがでしょう。調停委員も、あなたの申出に協力してくれるはずです。離婚するかしないかを決めるのは、ご主人の回答を聞いてからでも遅くはありません。

POINT

有責配偶者からの離婚要求は原則認められません。しかし、愛情がないなら、それなりの財産をもらって離婚するのも一つの手です。

ケース⑤ 勝手に別居し離婚調停を起こしたが生活費はもらえるか・・・

５歳の長男の教育をめぐり、夫と揉めています。私は子どもの将来を考え、お受験させるつもりでしたが、夫は公立で十分だと反対したのです。互いに自分が正しいと思っているので、毎晩のように夫婦ゲンカが続き、とうとう私は「離婚よ！」という捨て台詞を吐いて、長男を連れて実家に戻りました。

しかも、私が生活費を要求すると、夫は、「勝手に出てったのに金なんか払えるか。お前こそ家庭を省みないんだから、慰謝料払え」と言います。その後、何度か話合いも持ちましたが関係を修復できず、私は離婚調停を起こしたのです。養育費や別居中の生活費も、夫からもらえますか。ちなみに、夫は公務員で、私は専業主婦です。

★

●収入のない妻は別居中の生活費を夫に請求できる

夫婦の生活費（**婚姻《こんいん》費用《ひよう》**という）は、夫と妻がその収入や資産に応じて、分担することになっています（民法７６０条）。あなたは専業主婦ですから、ご主人に生活費を請求できます。これは、別居中も同じです。

ただし、夫婦関係が破たんして別居した場合、破たんの程度や破たん原因に対する責任の有無により、生活費が請求できないこともあります。

ご主人の場合も、あなたが無断別居を強行しなければならないほどの破たん原因があるとは思えません。むしろ、あなたが「家庭を省《かえり》みない」という夫の言い分の方に分があると思います。

もっとも、調停委員は、あなた方夫婦は破たんの程度が低いとして、もう一度やり直すよう（夫婦関係を継続する）助言すると思います。お受験のことも含め、復縁の方向で話し合われたらどうでしょう。その場合、調停委員は再同居までの期間、一定の生活費を払うよう、ご主人に提案してくれると思います。

POINT

夫婦は互いに助け合う義務があるので、収入のない妻は夫に生活費を要求できます。勝手に家を出た場合でも、同じです。

ケース⑥

性格の不一致で離婚したいけど、夫が離婚に応じないが・・・

結婚3年。私、夫と結婚したことを後悔しています。とにかく、夫の顔、センス、体臭、テレビ番組の好みに贔屓《ひいき》の野球チーム、その何もかもがイヤでたまりません。とうとうガマンできなくなって、3か月前、夫に離婚してほしいと頼んだんです。離婚理由が性格の不一致だと言っても夫は信じず、私に男でもできたのかと疑っているようでした。その後、夫婦で何度も話し合いましたが、夫が離婚に応じないので、私は家庭裁判所に離婚調停を起こすことにしたんです。

性格の不一致という理由で離婚できますか。

★

●相手方が離婚に応じなければ、離婚調停は不成立となる

家庭裁判所に申し立てられた離婚調停など婚姻関係事件で、申立ての動機の第1位は夫・妻とも**性格の不一致**です。夫側は60・1%と3人に2人が、妻側も38・6%と3人に1人以上の人が離婚動機にあげており、2位以下の動機を大きく引き離してい

ます（夫側の動機は、精神的虐待、家族親族との折り合いが悪い、異性関係、浪費の順で、妻側は、生活費を渡さない、精神的虐待、夫の暴力、異性関係の順）。

しかし、浮気や暴力（DV）と違って、この性格の不一致は必ずしも民法の認める離婚原因（770条1項1号～5号）にはなりません。裁判で性格の不一致だけを理由に離婚を求めても、裁判所は短絡的かつ利己的でしかないとして、その請求を認めないでしょう。これは離婚調停でも同じです。調停委員も相手方が離婚を望まない場合、性格の不一致だけの理由では、双方に積極的に離婚するよう働きかけることは、まずないと思います。あなたの場合、離婚調停を成立させたければ、ご主人の過去の浮気や夫婦ゲンカでの暴力、浪費など（どれも一度許したものはダメ）、性格の不一致以外の離婚原因を思い出して、調停委員を納得させることです。

なお、ご主人が離婚に応じなければ、調停不成立です。どうしても離婚したければ、あなたはご主人と別居し、事実上の離婚をするしかありません。

POINT

離婚の動機で一番多いのが性格の不一致です。相手方が離婚に応じない場合、別居して「客観的破たん状態の継続」という事実を作っていくことになります。

ケース⑦
夫への愛情がなくなったので離婚したいが・・・

結婚25年。この春、銀婚式を迎えましたが、実は数年前から夫との離婚を考えています。夫を嫌いになったわけではありませんが、愛情がなくなってしまったのです。今は夫や家族より、５年ほど前から始めたパッチワーク教室を大きくすることに情熱を傾けたいと思っています。子ども２人も社会人になり、夫も40年勤めた会社を定年退職しましたので、思い切って離婚してほしいと話してみました。

夫も子どもも、私の話に理解は示しましたが、離婚には反対です。でも、私は一人で残りの人生をやり直したいので、離婚調停を起こそうと思います。主人からは離婚の際、１円ももらう気はありません。財産分与をしないことで、調停委員は私の味方になってくれるでしょうか。

★

●本当に愛情がないと分かれば、調停委員は結婚生活の継続を勧めない

夫または妻が、相手（配偶者《はいぐうしゃ》という）への愛情がなくなった場合には離婚を認める

という考え方を、**破《は》たん主義**と言います。この考え方にたてば、あなたは離婚が可能です。しかし、あなたの「愛情がなくなった」という話の具体的内容は、これだけではよくわかりません。たとえば、恋人時代や新婚時代のような濃密な愛情表現や相手方への燃え上がるような感情がなくなったからといって、それだけで「夫婦としての愛情がなくなった」と言えるのでしょうか。よく長年連れ添った夫婦は互いに空気のような存在だと言われますが、これもまた相手方への愛情がある証拠です。

【資料】 裁判で離婚が認められる離婚原因・・・民法770条1項1号～5号

民法では、夫または妻は、次の場合には離婚訴訟を起こせると定めています。

①配偶者（相手方）が浮気（不貞《ふてい》）したとき
②配偶者から悪意で遺棄《いき》されたとき
③配偶者の生死が3年以上明らかでないとき（失踪宣告《しっそうせんこく》は通常7年以上不明）
④配偶者が回復の見込みのない強度の精神病にかかっているとき
⑤その他、結婚生活（婚姻《こんいん》）を継続しがたい重大な理由があるとき（生活費を渡さない、同居しない、暴力をふるう、性的不能、性格の不一致など）

なお、あなたのご主人には**民法が認める離婚原因**（770条1項1号～5号・前頁参照）はありません。離婚調停で、「愛情がなくなったから別れたい」と話しても、それだけの理由では調停委員を味方に付けるのは難しいでしょう。

多くの調停委員はおそらく、「長く夫婦をしていると、新婚時代のような濃密な愛情はなくなるものです」と、あなたに離婚を思い止まるよう説得すると思います。

あなたとしては、ご主人に具体的な浮気（不貞）や暴力などの事実はないとしても、互いに相手に無関心で冷淡になり、夫婦の絆《きずな》がなくなったという客観的な状況を調停委員に説明すればいいと思います。それにより、一人で新しい生活を始めたいという決意が伝われば、調停委員も結婚生活を続けるように勧《すす》めることはないでしょう。

●相手が嫌いでなければ、当面は家庭内離婚や同居離婚を試すのもいい

あなたの本気度を調停委員に理解してもらうのは大変かもしれませんが、財産分与はいらないという宣言は、たしかに有効かもしれません。なお、1円ももらうつもりはないという覚悟を調停委員に訴えたいのなら、さらに「分割されるはずの夫の厚生年金も請求するつもりはない」と、宣言したらどうでしょう。

ご主人は会社員ですから、おそらく厚生年金加入者のはずです。あなたがご主人の

扶養家族《ふようかぞく》だった場合は**厚生年金の第3号被保険者**ですから、結婚期間25年に相当するご主人の厚生年金の報酬比例部分（賃金に対応する部分）の年金の2分の1は、請求すればあなたの年金になります（平成20年4月以降の部分の分割割合は自動的に2分の1、同年3月以前の分割割合は0～0・5の範囲内で話合いなどにより自由に決められる。92頁サンプル1・申立ての趣旨「関係解消(6)」および106頁参照）。

この年金は、もらう気がなければ請求しなければいいだけですが、あえて「請求はしない」と宣言することで、調停委員へのアピールにはなると思います。

なお、ご主人を嫌ってないのなら、結論を急がず、当面家庭内別居をしてみるのもいいかと思います。また、どうしても戸籍上の夫婦関係を解消したいというなら、離婚届は出すが、今まで通りご主人との同居を続ける**同居離婚**を提案してみたらどうでしょうか。

POINT

愛情がなくなったという理由だけでは、相手が同意しない限り、調停で離婚を成立させるのは難しいと思います。

ケース⑧ 夫の暴力や虐待に悩んで離婚調停を起こしたが・・・

夫は昨年夏、勤め先をリストラされましたが、次の仕事が決まらず、酒を飲んでは私に暴力をふるい、アパートの大家さんが１１０番してくれたこともあります。夫が荒れる気持ちもわかるので今までガマンしてきましたが、最近になって小３の息子にも手を上げるようになりました。このままでは、息子の身が心配なので、私は息子を連れて知人宅に身を寄せ、家庭裁判所に夫との離婚と息子の親権を求める離婚調停を申し立てました。

家庭裁判所では、夫と顔を合さないよう配慮してくれると言いますが、夫は周囲に、ＤＶも虐待《ぎゃくたい》も私のでっち上げだ、絶対に別れないと言っているそうです。

★

●診断書や録音、メモなどDVの証拠を調停委員に見せるといい

ＤＶ夫相手に離婚調停を起こす場合、ＤＶ被害の事実を進行に関する照会回答書に必ず記載し、申立てをする家庭裁判所の窓口でもその事実を伝えることです（24頁、

98頁サンプル4他参照）。あなたの場合、裁判所が配慮すると約束したのですから、双方立会手続説明の際、調停室で夫と同席しなければならないリスクは避けられると思います。ただ、夫側がＤＶを否定する答弁書を出すと、調停委員がＤＶや虐待について、あなたの言い分を１００％信じてくれない場合もあります。たとえば、夫が「夫婦ゲンカで、たまたま手を上げてしまった。反省している」などと主張すると、あなたの言い分を大袈裟ととらえる調停委員がいないとも限りません。

調停ではＤＶや虐待の証拠を持参し、調停委員にはそれを見せながら説明してください。証拠としては、医師の診断書や暴行でできたケガや痣の写真、被害当時の録音録画の他、**配偶者暴力相談支援センター**や警察の相談記録なども有効です。それらがなければ、具体的なメモ書きでもかまいません。なお、ＤＶを受けたら、離婚調停を起こすだけでなく、地方裁判所に保護命令の申立てもすることです。

POINT

ＤＶ被害を申し出ると、家庭裁判所は一定の配慮をしてくれますが、調停委員にも証拠を持参して説明するのが有効です。

ケース⑨

浪費妻と離婚したいが財産分与をゼロにできないか・・・

会社経営者で、それなりの収入もありますが、その大半は妻の浪費で消えてしまいます。先日も妻が、私のクレジットカードを黙って持ち出し、分不相応な高額な買い物をしたので怒ると、妻は家を出て、離婚調停を申し立ててきました。離婚には異存ありませんが、妻から法外な財産分与を求められ困っています。妻の浪費のせいで、私たち夫婦の財産は住宅ローンの残った自宅マンション（時価２５００万円。ローン残高２３００万円）と３００万円余の預金だけです。

10年の結婚生活で妻が浪費した金額は５０００万円以上ですから、私としては財産分与などする必要はないと考えています。しかし妻は、結婚後に私が父から相続した遺産（総額1億３０００万円）の半分を寄こせと言うのです。離婚調停はまとめたいのですが、妻に財産分与を払わずに離婚することはできませんか。

★

●離婚調停をまとめたければ財産分与することも一つの解決法である

離婚した夫婦の一方は、相手方に**財産分与**を請求できます（民法768条）。分与の対象となる財産は、原則として**夫婦共有財産**だけです。これは、夫婦が結婚中に協力して築き上げた財産で、その収入など出費割合に関わらず、通常は2分の1ずつ貢献していると考えられています。

なお、夫婦の財産は、結婚前に特別の契約を結ばない限り、**法定財産制**です。具体的には、民法で次のように決められています。

①**結婚生活にかかる費用は夫婦で分担する**（760条）

夫と妻の分担額は同額の必要はなく、それぞれの収入や資産を考慮して決めます。

②**日常の生活費は夫婦が連帯して払う責任がある**（761条）

食費、住居費、医療費、教育費、妥当な被服費や娯楽費などで、この費用については、夫婦の一方が勝手に契約し、借金ができた場合でも、夫婦は互いに支払う責任があります（**日常家事債務**という）。

③**夫婦が結婚前から持っている財産、結婚後に自分の名前で得た財産は、夫または妻の個人財産**（**特有財産という**）**とする**（762条1項）

この事例の夫のように、相続や贈与で増えた財産は個人財産で、財産分与の対象には原則なりません。ただし、結婚後に夫の収入で購入した住宅や自動車、また預貯金

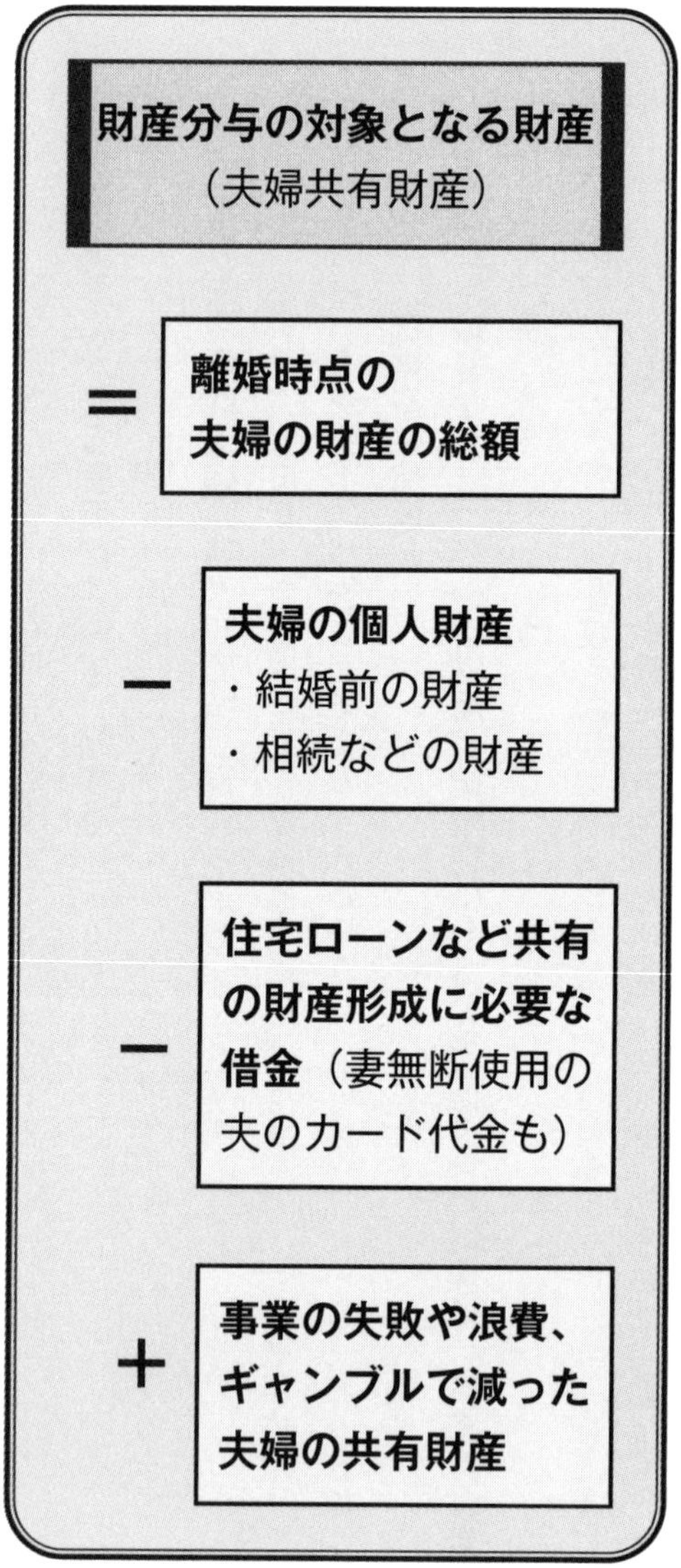

などは夫名義のものでも、夫婦共有財産になります。

④どちらの財産か明らかでない資産は夫婦共有財産とする（同条2項）

結婚後に購入した家具、食器、日用品などが、これに該当します。

右の③以外は夫婦共有財産で、財産分与の対象です。

具体的な金額は、右の算式により計算すればいいでしょう。

あなたの場合、その言い分が正しいとすれば、財産分与の対象となる夫婦共有財産は、自宅マンション（2500万円－2300万円）と預金300万円の計500万円に、奥さんの浪費額5000万円を加えた計5500万円です。あなたが父親から相続した1億3000万円は個人財産ですから、財産分与の対象になりません。妻の貢献度を2分の1とすると、奥さんがもらえる財産分与は2750万円です。ただし、奥さんは、すでに5000万円（浪費額）をもらっているのと同じですから、計算上はもらい過ぎだと言えるでしょう。よって、あなたは奥さんに、もう1円も払う必要はありません。調停委員にそう主張することもできます。もっとも、財産分与しなければ離婚調停は不成立です。あなたの場合、裁判で離婚を勝ち取ることもできますが、それなりの解決金（手切金のようなもの）を払って離婚調停を成立させた方が効率的だと思います。調停委員もおそらく、そう助言してくるでしょう。

POINT

浪費妻は無一文では離婚に応じません。離婚調停を成立させたいのなら、必要がなくても金銭を渡すことも解決への早道です。

ケース⑩

仕事もしないギャンブル狂の夫と調停で離婚したいが・・・

夫は、ギャンブルにハマり、真面目に働こうとしません。生活費は、私がパートを掛け持ちし、何とか捻出していますが、夫はギャンブル資金が足りなくなると、その生活費や2人の子どもの給食費まで持って行ってしまうのです。最近では、いわゆるマチ金からも借金しているらしく、強面の取立て屋が押しかけることもあります。いくら頼んでもギャンブルを止めてくれず、仕事にも就こうとしないので、私は夫に離婚を申し入れました。でも、夫は絶対に離婚しないと言います。

離婚調停を起こそうと思いますが、ギャンブル理由で離婚できますか。

★

●働けるのに働こうとしないのは、離婚の理由になる

結論から言うと、あなたは離婚できます。ギャンブルを直接離婚原因とする規定はありませんが、ギャンブルにハマり仕事もせず、家族に生活費を渡さないのは、民法が離婚を認める「結婚生活（婚姻）を継続しがたい重大な理由があるとき」に該当し

ます（770条1項5号）。家族が困っても構わないと思っていれば、「悪意の遺棄」です（同項2号）。実際、ギャンブル狂いの夫との離婚を認めた判例もあります。

調停委員も、民法規定に基づいて夫婦間の調整をしますから、あなたの離婚要求は妥当だと判断するはずです。ご主人がギャンブルにハマって働かないこと、生活費や給食費までギャンブル資金に充て、マチ金からも借金していること、あなたの忠告に一切耳を傾けないことを説明すれば、調停委員はご主人に離婚を受け入れ、子どもの親権者もあなたにすることを認めるよう説得してくれるでしょう。

ご主人が離婚に応じなければ離婚調停自体は不成立ですが、離婚訴訟を起こせば、裁判所は離婚を認めます。調停委員から、あなたが裁判も辞さない覚悟だと、ご主人に伝えてもらい、また慰謝料など金銭の要求はしない、子どもとの面会交流は認めるという提案をすれば、ご主人も離婚に応じてくれるのではないかと思います。

POINT

婚姻を継続しがたい重大な理由があるので、離婚調停がダメでも、裁判離婚が可能です。調停委員に、そのことも話してもらい、夫を説得してもらいましょう。

ケース⑪

夫の親族と不仲で離婚したいが、調停委員はやり直せと・・・

私たち夫婦は共稼ぎですが、夫の両親は私が働くのが不満で、電話を掛けてきては「女は結婚したら家庭に入るもんだ」「早く孫の顔を見せろ」と、口うるさいのです。先日も夫の実家の法事で、姑や他の親族から仕事を辞めるよう強要され、カッと来た私は彼女たちと大ゲンカしてしまいました。しかも、夫から「お前が悪い。謝れ」と言われたので、「そんなに実家が大事なら、離婚しましょう」と、叫んだのです。

夫は、さすがに言い過ぎたと感じたようで、その後、謝ってくれました。でも、私の気持ちはドンドン離婚に傾き、夫が離婚届にハンを押さないので家庭裁判所に離婚調停を申し立てました。しかし、調停委員は私に、少しガマンして、夫とやり直してはどうかと勧めるのです。夫の親族との不和が理由では、離婚できませんか。

★

●調停取下げの条件に、夫の親族と間を置くことを提案してみる

離婚調停など婚姻関係事件の申立ての動機として、「相手方の家族親族との折り合

いが悪い」は、常にベスト10に入っています（令和４年は男３位、妻10位）。しかし、相手方の家族や親族から、暴行された、精神的虐待を受けた、著しく侮辱されたなどの事実がなければ、それだけで離婚が認められることはまず難しいでしょう。

しかも、調停委員は40歳以上の有識者です。よく言えば常識的ですが、その考え方として、個人より夫婦や家族を重要視する傾向にあります。あなたがもう少しガマンすべきで、離婚は思い止まりなさいという意見になることもあるでしょう。なお、ご主人には、民法７７０条の離婚原因があるとは思えません。ご主人の親族との不和も、同条１項５号の「婚姻を継続しがたい重大な理由」には当たらないでしょう。

あなたの離婚は、裁判でも認められません。ただし、離婚調停を取り下げ、結婚生活をやり直す条件として、ご主人の親族とはしばらくの間、連絡を取り合わないという提案をしてみたらどうでしょうか。離婚するだけが解決策ではありません。

POINT

相手方の家族や親族との折り合いが悪くて離婚話が起こることもあります。しかし、調停も裁判も、それだけの理由では、簡単には離婚を認めません。

ケース⑫ 育児に無関心な夫と離婚したいが・・・

半年前、第一子が産まれましたが、夫は何一つ育児を手伝ってくれません。授乳、入浴、おむつ替えと、私一人で毎日てんてこ舞いです。「イクメンになれとは言わないけど、たまにはお風呂くらい入れてよ」と頼むと、夫は、「俺は仕事で疲れてるんだ。育児は母親の仕事だろ」と、取り合ってくれません。それどころか、最近は「夜泣きがうるさい。何とかしろ」と、毎晩怒るんです。

私、腹が立って、「あなたみたいな父親はいらない。この子は私一人で育てる」と、夫に離婚届を叩きつけました。でも、夫は相手にしてくれず、もちろん離婚にも応じません。育児をしないことを理由に、離婚調停を起こせますか。

★

●育児にもっと関心を持ってもらうよう夫婦で話合いをしよう

未成年の子がいる夫婦は、ともに親権者として、その子の養育に当たる義務があります（民法８１８条３項、８２０条）。また、夫婦は家事の運営や病気の家族の看護、子の養育などを、互いに協力して行わなければなりません（752条）。当然、父親である夫にも、育児の義務があります。「仕事が忙しい」という言い訳は通じませんし、「育児は母親の仕事」という思い込みも、法律的には間違いです。あなたは、ご主人に育児を手伝うよう要求できます。

もっとも、育児をしないからといって、それだけでは離婚原因になりません。離婚調停を起こしても、相手方が生活費を入れない、子どもを虐待するなどの事情がない限り、調停委員は離婚ではなく、夫婦でもっとよく話し合うよう二人を説得するはずです。ガマンが足りないと、あなたに意見する調停委員もいるかもしれません。

ただ、育児に無関心のご主人にとっては、離婚調停はいいショック療法になる可能性があります。話し合っても、ご主人が協力しないようなら申し立ててみてください。その前に、ご主人が育児に関心を持つよう、もう少し工夫してみたらどうでしょう。

POINT

夫が育児に無関心だからといって、それだけで離婚することは無理ですが、離婚調停を起こすことで、夫の意識改革になる可能性があります。

ケース⑬ 離婚調停で妻が子どもに会わせないと言うが・・・

共稼ぎで、すれ違いの暮らしが続いたのが原因で、離婚することにしました。自宅は妻に渡し、住宅ローンは中1の娘の養育費代わりに、これまで通り私が払います。娘は母親と暮らすことを選びましたが、親権《しんけん》まで妻に渡すつもりはありません。ところが、妻も娘の親権を要求し、しかも私に、離婚後は娘と会うなと言います。私が断ると、妻は家庭裁判所に離婚調停を起こしました。妻は調停でも親権者の地位を要求し、私が娘に会うことも認めない、と主張しているそうです。私としては一緒に暮らせない代わりに、月に1度か、2度、娘に会いたいのですが。

★

●別れた夫には、子どもと面会交流する権利がある

離婚後、子を引き取らなかった親は、その子と会ったり、電話やメールをやり取りして接触する権利（**面会交流権**という）があります。子を引き取った親（**監護者**）は、相手方と子との**面会交流を原則拒絶できません**（拒絶できる場合、左頁図参照）。

この面会交流について民法は、協議離婚する夫婦は**子の監護《かんご》処分《しょぶん》の一つ**として、話合いで定めるよう明文化しています（７６６条。離婚届にも記載欄がある）。夫婦間の話合いで決まらない場合、家庭裁判所の調停や審判で決めてもらうこともできます。

あなたには法律上、娘さんとの面会や交流を要求する権利がありますから、それを認めるよう奥さんを説得してほしいと、調停委員に頼めばいいのです。その際、親権

子どもとの面会交流はどうなる

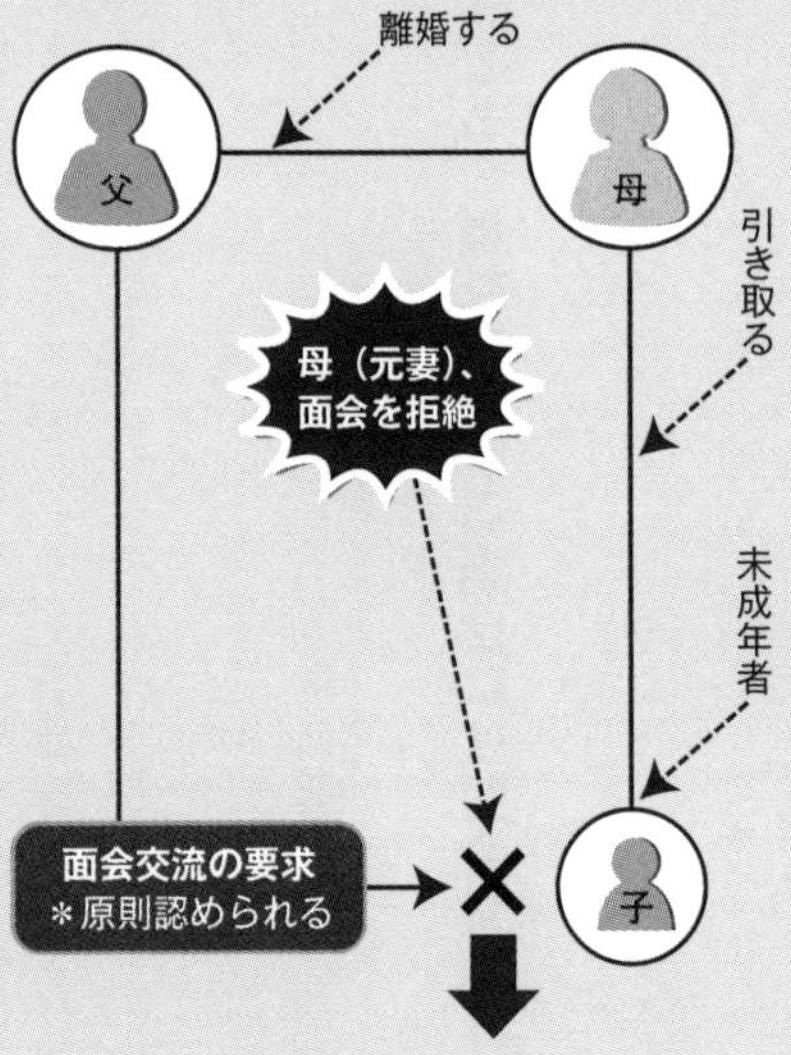

【監護者の元妻が面会要求を断れる場合】

・元夫が子を虐待または虐待の恐れがある
・元夫が酒乱、ギャンブル狂等の不行跡《ふぎょうせき》がある
・元夫が未成年の子を連れて、いかがわしい場所に出入りする恐れがある
・離婚原因が元妻に対するＤＶで、離婚後もＤＶの恐れがあるので元夫に住所を教えていない
・夫や夫側の親族が子を連れ去る恐れがある

※**子の福祉を害する恐れがあるか否かがポイント**（子が満15歳以上なら、子の意思を尊重する）

を奥さんに譲るぐらいの妥協はしてください。調停委員の心証《しんしょう》はいいはずです。

なお、あなた方夫婦は離婚の合意はできています。離婚調停で親権者が決まらない場合は、家庭裁判所の審判で決めてもらえばいいでしょう（８１９条5項。親権者が決まらないと離婚届が受理されない）。また、離婚についてだけ調停を成立させれば、面会交流については審判に自動的に移行し、裁判官が判断してくれます。

●子どもの福祉を害する場合には面会交流は認められない

面会交流を認める場合には、面会の場所や時間、回数や面会方法、また交流手段や回数などを、できるだけ具体的に決め、できれば文書（メモでもいい）にしておくといいでしょう。その内容があいまいだったり口約束だと、後々トラブルになります。ただし、面会交流については、**その子の利益をもっとも考慮しなければなりません。**監護者でない親（たとえば父親）と面会交流させると**子の福祉を害する恐れがあると**いう場合は、夫の面会交流は認められません（具体的なケースは１８１頁図参照）。また、子が成人した場合には、面会するかどうかは、その子本人の意思に任されますが、未成年でも満15歳以上であれば、その子の意思も尊重すべきでしょう。

あなたの場合、子への虐待の恐れや著しい不行跡《ふぎょうせき》はなさそうですから、調停委員も面会交流を認めるよう奥さんを説得してくれると思います。もっとも、調停や審判で面会交流が認められなくても、娘さんが望めば、あなたは娘さんに会うことも、メールや電話でやり取りすることもできるでしょう。それを止めることは事実上不可能です。なお、面会交流は離婚後でも要求できますし、調停を申し立てることもできます。また、一度決めた面会交流の内容や方法（会う場所や面会時間、回数など）の変更を求める調停も可能です。この場合には、**面会交流調停の申立て**を行います。

自分が親権者として子を育てるなら、別れて暮らす妻と子の面会を年間１００日認めるとの提案をした夫に親権を認める判断が、ある裁判所でなされました。この判断は後に最高裁まで争われ、結果的に覆されましたが、離婚前、子を連れて家を出たきり一度も子と夫の面会をさせなかった妻の対応が、原審で問題視されたものと考えられます。

POINT

虐待や不行跡の事実がある夫でない限り、子どもを引き取った妻は夫と子の面会交流を認めなければなりません。

ケース⑭

離婚調停で離婚したが、夫が自分の姓を使うなど・・・

夫とは学生結婚でしたが、結婚から5年が過ぎる頃から価値観や人生設計の考え方の違いが大きくなり始めました。2人の間に、まだ子どもはいません。私が35歳まで子どもは作らないことを結婚の条件にしたからです。それに、今は仕事が面白くて、当分子づくりの予定はありません。第一、私はまだ30歳前です。

しかし、旧家の一人息子の夫は、実家から跡継ぎを作れと催促されているらしく、最近では事あるごとに、私に仕事を辞めて家庭に入れと言うので、夫婦ゲンカが絶えません。結局、専業主婦になるつもりもない私の方から離婚を切り出しました。

最初は離婚を渋っていた夫ですが、私が離婚調停を起こすと、ようやく離婚に応じましたが、離婚するなら夫の姓を名乗ってほしくないと、私に旧姓に戻るよう求めてきました。私としては、このまま夫の姓を使いたいのですが。

★

●夫婦の姓を使い続けるか、旧姓に戻るかは、本人が自由に決められる

夫婦は同姓で、夫か妻どちらかの姓を名乗ることになっています（民法750条）。その夫婦が離婚すると、結婚で姓を変えた夫または妻は、旧姓に戻る（**復氏**《ふくし》という）のが原則です。しかし、離婚から3か月以内に「**離婚の際に称していた氏を称する届**」を本籍地《ほんせきち》か、住所のある市区町村に届け出れば、夫婦の姓をそのまま使い続けることができます（767条）。そのまま夫婦の姓を使うと、離婚する時に決まっていれば、離婚届と一緒に出すと面倒がありません。なお、どちらの姓を名乗るかは、その本人が決めればよく、相手方の同意や許可は一切いらないのです。

あなたの場合も、夫の姓を使い続けたければ、右の届出をするだけでよく、ご主人側の同意も許可もいりません。そもそも、あなたの復氏を離婚の条件とすること自体が不法ですから、調停委員はご主人に対し、そのことを伝え、復氏を強要しないよう注意してくれるはずです。安心してください。

POINT

離婚した妻が、夫の姓を使うか、旧姓に戻るかは、妻の自由です。夫側が復氏《ふくし》を強要したり、調停で要求することはできません。

ケース⑮ 浮気した夫から慰謝料を取りたいが・・・

夫の浮気癖は今に始まったことではありませんが、今度という今度は腹に据《す》えかねました。相手の女が私の学生時代からの友人だったからです。しかも、何年も前から関係が続いていたと白状され、私は離婚を決意しました。でも、夫はいつものように「別れる」「悪かった」と謝るばかりで、協議離婚に応じてくれません。

このままズルズル夫婦関係を続けたくないので、私は離婚調停を申し立てました。共稼ぎで子どももいませんので、財産分与などは取るつもりはありませんが、慰謝料だけは取りたいと思います。離婚調停で、慰謝料も要求できますか。

★

●浮気の慰謝料は100万円〜200万円と、意外に低い

ご主人は、いわば浮気常習者です。調停委員もあなたの要求を妥当とみなし、離婚に応じるよう、ご主人を説得するはずです。調停でもご主人が離婚に応じない場合、裁判を起こせば、離婚は認められるでしょう。なお、離婚の原因となった浮気（**不《ふ》貞《てい》**

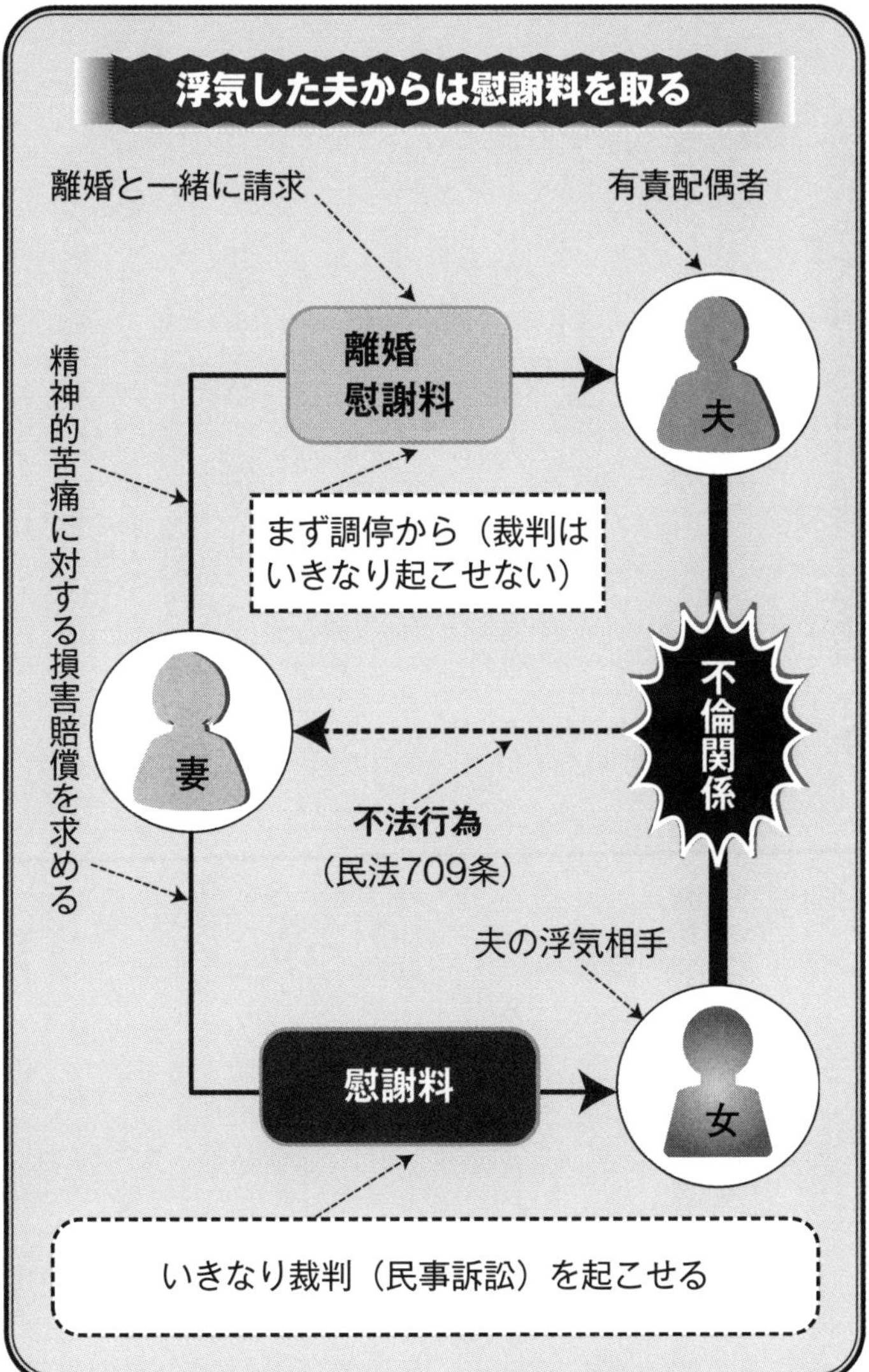
浮気した夫からは慰謝料を取る
離婚と一緒に請求
有責配偶者
離婚
慰謝料
夫
精神的苦痛に対する損害賠償を求める
まず調停から（裁判はいきなり起こせない）
妻
不倫関係
不法行為
（民法709条）
夫の浮気相手
慰謝料
女
いきなり裁判（民事訴訟）を起こせる

という）により、あなたは精神的苦痛を受けたのですから、ご主人に対し、**不法行為に基づく慰謝料を要求できる**のは言うまでもありません（民法７０９条）。

慰謝料も財産分与や養育費と同様、夫婦間で話合いがつかなければ、調停を起こせます（いきなり裁判は起こせない。前頁図参照）。この調停は離婚後も起こせますが、通常は、**離婚を求める調停**（離婚調停）で一緒に要求するのが普通です（92頁・夫婦関係等調整調停申立書の「申立ての趣旨」欄参照）。あなたも、離婚調停で一緒に申し立てればいいでしょう。調停委員も、あなたの言い分に耳を傾けてくれるはずです。

もっとも、その額は予想以上に低いと思います。離婚相手が一般的なサラリーマンの場合、慰謝料はせいぜい１００万円～２００万円です。ＤＶなど余ほど悪質な場合でも７００万円が限界でしょう。芸能ニュースで報じられるタレントや著名人が離婚した場合の高額慰謝料など、まず取れません。期待しないことです。

なお、離婚後に慰謝料を要求する場合は、当事者（元夫と元妻）間の話合いが付かなければ、慰謝料請求調停を起こします。ただし、**離婚から3年が過ぎると時効**です（財産分与は2年以内の請求が必要）。時効にかからないよう早めに請求してください。

●夫の浮気相手にも慰謝料を要求できる

相手方に慰謝料を求める調停は、財産分与や養育費と違って、調停不成立で自動的に審判に移行することはありません。調停がまとまらない場合、改めて裁判所に慰謝料請求訴訟を起こして、勝訴判決をもらうしかないのです。あなたの場合には裁判で勝てる可能性は高いと思いますが、訴訟手続きは煩雑で時間もかかります。本人でもできますが、弁護士を頼む方が確実です。当然、弁護士費用も掛かります。その費用を含めた訴訟費用と慰謝料との損得も、裁判する場合には考えなければなりません。

あなたは慰謝料以外の財産給付を要求しないそうですが、夫婦共有財産（詳しくは1章9項参照）があるなら、財産分与も要求すべきです。調停で離婚がまとまれば、財産分与についてては話合いがまとまらなくても、自動的に審判に移行して、裁判所が決めてくれるからです。一般的に、財産分与は慰謝料より高額です。

なお、あなたは、夫の浮気相手にも慰謝料を要求できます（187頁図参照）。

POINT

離婚原因が夫の浮気や暴力で、それにより精神的苦痛を受けた妻は、不法行為に基づく損害賠償として、夫に対し慰謝料を要求できます。

ケース⑯
離婚した夫が約束した財産分与をくれないが・・・

私は昨年、25年連れ添った夫と離婚しました。専業主婦として、夫や子どものためずっと家事を引き受けてきた私は、残りの人生を自分のためだけに生きてみたくなり、3人の子が成人したのを機に、自分から離婚を切り出したのです。夫は黙って離婚届にハンを押し、財産分与として彼名義の預金から500万円くれると約束しました。実際には、彼の給料が振り込まれる口座で、私が管理していた預金です。

ところが、夫は離婚後、何かと理由を付けて、いつまで経っても払ってくれません。友人に相談すると、家庭裁判所の調停手続きを勧められました。

調停を起こせば、本当に財産分与が取れるのでしょうか。

★

●財産分与を求める調停を申し立てればいい

結論から言うと、あなたは財産分与をもらえます。ご主人の預金のように結婚期間中に作った財産は、たとえ夫だけが働いて得た収入によるものでも、半分は妻の協力

（内助《ないじょ》の功《こう》）があったから築けたというのが法律の考え方です。これを**夫婦共有財産**と言い、離婚する場合、専業主婦もここからの財産分与を要求できます（42頁参照）。

　夫婦間の話合いで決まらなければ、家庭裁判所の**調停**や審判が利用できます（民法７６８条）。あなたも、ご主人の住所を管轄《かんかつ》する家庭裁判所に、**財産分与の調停**を申し立てればいいでしょう。その際、ご主人が５００万円を財産分与すると約束した協議書など（メモ書きでもいい）があれば、調停委員に証拠として見せてください。調停は、あなたに有利に進みます。また、預金以外にも結婚期間中に築いたご主人名義の財産（自宅や株など）があれば、詳しい資料がなくても申立てや調停の場で申し出てください。財産分与の対象となる金額は、もっと増える可能性があります。

　なお、夫が調停委員の提案や助言を拒否し調停不成立でも、自動的に審判に移行し裁判所が判断してくれます。ただし、離婚後2年以内に申し立てる必要があります。

POINT

たとえ夫の収入で暮らす専業主婦でも、離婚するときは財産分与を要求できます。夫が拒否した場合、調停を申し立てることです。

ケース⑰ 夫は離婚調停でウソばかり言うがどうしたらいいか・・・

夫と離婚調停で争っていますが、夫は「悪いのは妻だ」と、私を一方的に非難しているようです。たしかに、私にも反省すべきところはあります。姑や夫側の親族との折り合いが悪かったのも事実ですから。でも、離婚の責任は浮気した夫にあります。なのに、中1と小5の子を引き取りたい夫が、夫婦仲が壊れたのは、私がホスト狂いやブランド買いで浪費するからだと、ありもしないウソを言い立て、私に母親としての資格がないと、調停委員に盛んに吹き込むんです。

たしかに、私はパート収入しかなく、子どもを育てるのは大変ですが、2人とも私と暮らしたいと言います。調停委員には、どう話したら信じてもらえますか。

★

●調停委員には事実だけを話せばよく、ウソは通用しない

ご主人の話は真実でないのですから、あなたは調停委員に対し、夫の話は何の根拠もないウソだと、ハッキリ否定すればいいでしょう。信じてもらえるはずです。

というのは、離婚調停では、自分には非がないこと、夫婦関係や家族関係の維持にいかに努力してきたかを認めさせようとして、相手方を一方的に非難したり、ときには誹謗中傷《ひぼうちゅうしょう》する当事者（夫または妻）は少なくありません。しかし、調停委員はプロです。夫も妻も多少の誇張やウソを話すと考えて聞き取りをしています。聞くに堪《た》えない悪口雑言でない限り、それぞれの言い分を一応聞いてくれますが、どちらが真実を話しているか、またどこまでが真実で、どこからが誇張やウソか見抜きます。ご主人のウソも、調停委員には通じません（詳しくは１３６頁参照）。

なお、未成年の子がいる夫婦が離婚する場合、小学校高学年までの子は、通常母親が引き取るのが実務上の考え方です。家庭裁判所の調査官が、直接子どもに聞き取りをすることもありますが、２人の子はあなたと暮らしたいと望んでいるのですから、調停がまとまらずに審判に移行した場合でも安心していいと思います。

POINT

夫から謂《い》われのない非難を受けても、感情的になってはいけません。調停委員に対し、事実ではないとハッキリ否定すればいいのです。

ケース⑱ 調停委員は仕事仕事で家庭を省みない夫の肩を持つが・・・

夫は仕事が多忙で、家庭や子どものことは私一人に押し付け、相談にも乗ってくれません。でも、中2の息子は難しい年頃です。先日も補導されました。初めてということで、説諭だけで帰されましたが、息子は私の言うことなど聞きません。

夫から叱ってもらおうと、その晩、帰宅した夫に話すと、「お前のしつけが悪いからだ」と怒り出し、しかも、「こんな話がネットに流れたらどうする。会社に知られたら出世に響くだろ。子ども一人育てられん女と結婚したなんて、人生最大の失敗だな」と、怒鳴られたんです。その一言で私、それまでの不満が一気に爆発し、夫に離婚届を叩きつけました。でも、夫が応じないため、離婚調停を起こしたんです。

ところが、調停委員は離婚話を進めるどころか、「あんな立派なご主人はいません」「ガマンが足りないんじゃないですか」と夫の肩を持ち、私に結婚生活を続けるよう説得を試みます。私を侮辱し、家庭を省《かえり》みないのに、夫と離婚できないんですか。

●夫が離婚に応じなければ、調停でも裁判でも離婚は難しい

夫婦の一方が離婚に応じない場合、どうしても離婚したければ、相手方に離婚事由（民法770条）が必要です。離婚事由になるのは、①浮気（不貞《ふてい》）、②悪意の遺棄《いき》、③3年以上の生死不明、④回復の見込みのない強度の精神病、⑤婚姻《こんいん》を継続しがたい重大な事由がある場合ですが、ご主人の言動はこのどれかに該当するでしょうか。

①～④の事由はありません。では、あなたを侮辱したこと、仕事で家庭を省みないことが、⑤の婚姻を継続しがたい事由になるでしょうか。たしかに、ご主人は家事や子どもの教育には非協力的で、侮辱したのも事実です。ただ、これだけでは離婚事由になりません。離婚訴訟を起こしても、家庭裁判所は離婚を認めないと思います。

しかし、調停は話合いの場です。離婚の申出を取り下げる代わりに、調停委員に、あなたの相談にも乗るよう、ご主人を説得してほしいと、頼んだらどうでしょう。

POINT

仕事で家庭を省みないだけでは離婚事由になりませんが、調停委員に家事や子の教育に協力するよう説得してもらうことはできます。

ケース⑲

夫の顔も見たくないので、とにかく離婚を急ぎたいが・・・

夫とは、何年も前から家庭内別居が続いています。互いに愛情などないのですが、子どもが成人するまで離婚をしないという暗黙の了解がありました。この春、子どもが独立しましたので、夫との間で、さっそく離婚話を始めたのですが、結婚30年、私としては、それなりの財産分与をもらわないと、わずかなパート収入だけでは今後の生活が維持できません。しかし、夫には舅から相続した自宅以外（時価1200万円）に資産はなく、財産分与はできないと言います。

結局、話合いはまとまらず、私は離婚調停を起こしたのです。もう夫の顔も見たくないので、1分1秒でも早く離婚したいのですが、すぐ離婚を成立させることはできませんか。なお、私は財産分与として夫に自宅を売ってもらい、その売却代金の2分の1をもらいたいと思っているのですか。

★

●離婚成立を待たずに別居すると、事実上の離婚と同じになる

協議離婚なら、離婚届を住所のある市区町村（または本籍《ほんせき》地《ち》）の戸籍《こせき》係《がかり》に提出し、受理されれば離婚成立です。しかし、**離婚調停による離婚**（調停離婚）は手軽で簡単とはいえ、その申立てから第1回目の調停まで1～2か月、離婚がまとまるまで3回程度かかるとすると（調停成立事件の5割強は3回以内）、離婚の届出が済むまでには早くて半年程度は必要でしょう。あなたが、すぐにでも別れたいと言うのであれば、調停成立を待たずに別居し、事実上の離婚をするしかありません。ただし、この場合には、別居中の生活費（婚姻《こんいん》費用《ひよう》）をご主人に要求しても、払ってもらえない可能性が高いでしょう。調停や審判でも、必ず認められるとは限りません。

なお、財産分与は夫婦共有財産から払われるのが原則です。自宅は相続により取得したもので、ご主人の個人財産です。一般的には財産分与の対象にはなりませんが、他に資産がない場合には、その資産からの財産分与も認められる場合があります。

POINT

協議離婚と違って、離婚調停で離婚を争う場合には、その日のうちに解決とはいきません。別居して、調停に臨《のぞ》むのも一つの方法です。

ケース⑳

妻の産んだ子は他の男の子なのに養育費を出せと・・・

３歳になる息子が公園の遊具から落ち、左腕の骨を折る大ケガをしました。病室に入ると、妻が心配そうに息子を見つめています。私もよくケガをしたので、「男の子にケガは付き物さ。俺だって…」と言いかけ、息子のベッドの血液型を見て次の言葉が出なくなりました。息子の血液型はＡＢ型、私と妻はＡ型です。

妻を問いただすと、不倫の子だと白状しましたが、離婚に応じないので、私は離婚調停を起こしました。

ところが、妻は調停で息子は私の子だと言い張り、離婚するなら財産分与と養育費を払えと言います。他の男の子なのに、何で養育費を払わなければいけないんですか。ＤＮＡ鑑定をして白黒付けたいと、調停委員に言うつもりですが。

★

●生まれて1年が過ぎると、嫡出子かどうかを争えない

自分が父親でないと知った夫は、出生後１年以内なら、その子の嫡出性を否定でき

ます（民法７７４条、７７７条）が、息子さんは３歳です。もう否定はできません。
なお、嫡出推定を受ける時期に、服役、外国滞在、音信不通と言えるほどの別居などの事情があれば、**親子関係不存在確認**を提訴できる可能性もありますが、そのような事情もなさそうです。よって、たとえ離婚しても、息子さんは法律上、あなたの嫡出子とされ、あなたは養育費を払う義務があります。調停委員もそう説明するでしょう。法律は、子どもの福祉を優先させます。母親である奥さんが他の男性の子だと認めない限り、あなたは息子さんとの父子関係を否定できないのです。出来るだけ少ない養育費で調停をまとめる方が得策ではないでしょうか。

この嫡出否認の規定は、令和４年12月公布された改正民法（女性の再婚禁止期間の撤廃など盛り込む）で、否認権者が父の他、子の母、子、母の前夫に拡大され、出訴期間も３年に延長されています（この規定は令和６年４月１日から施行）。

POINT

法律は子どもの福祉を考えて判断します。出生後1年が過ぎると、他人の子でも嫡出性《ちゃくしゅつせい》を争えず、養育費を払わなければなりません。

コラム

離婚したくなければ、わざと不調にする方法もある

　離婚は結婚同様、夫と妻双方が離婚に合意して、初めて成立します。相手方や第三者が、夫や妻本人の意思に反して、離婚を強要することはできません。これは、離婚調停も同じです。

　離婚調停は、相手方に浮気やＤＶなど民法７７０条の定める離婚事由がなくても起こせます（申立ての動機の第一位は夫も妻も性格の不一致）。

　調停委員は双方の言い分を聞き、夫婦関係が破たんし、関係修復はできないと判断すると、相手方に離婚に応じるよう説得します。しかし、調停は話合いですから、離婚の強要はできません。

　調停委員から「離婚しろ」と言われるのを恐れて、調停に出ない人がいますが、正当な理由もなく欠席してはいけません。離婚がイヤなら、調停で「離婚しない」と断言すればいいのです。調停は不成立となり、当然離婚しなくてもすみます。調停委員の説得を拒絶しても、不出頭のようなペナルティーはありません。

　離婚したくなければ、調停に出頭し、わざと不調（不成立）にするのも一つの手だと覚えておいてください。ただし、民法７７０条の離婚事由がある場合は、離婚訴訟を起こされると、家庭裁判所が離婚を認めることもあります。

第4章

離婚調停がまとまると その内容は夫と妻を拘束する

★決めた養育費を払わないと履行命令が
★子を渡さない相手には法律は無力・ほか

●調停で離婚が決まらなかったときは

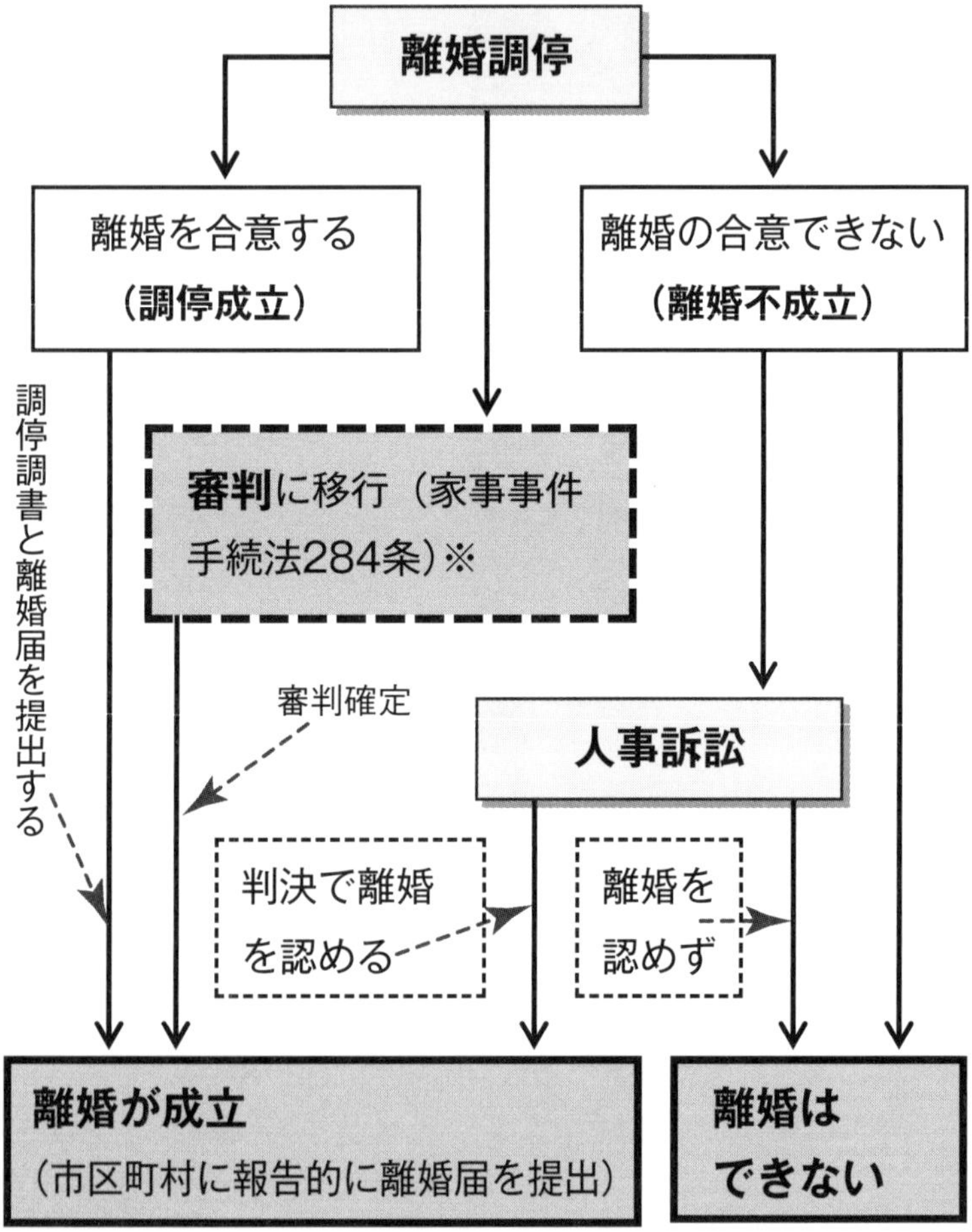

※審判に不服の場合、即時抗告ができる

●調停成立の財産分与や養育費が払われない

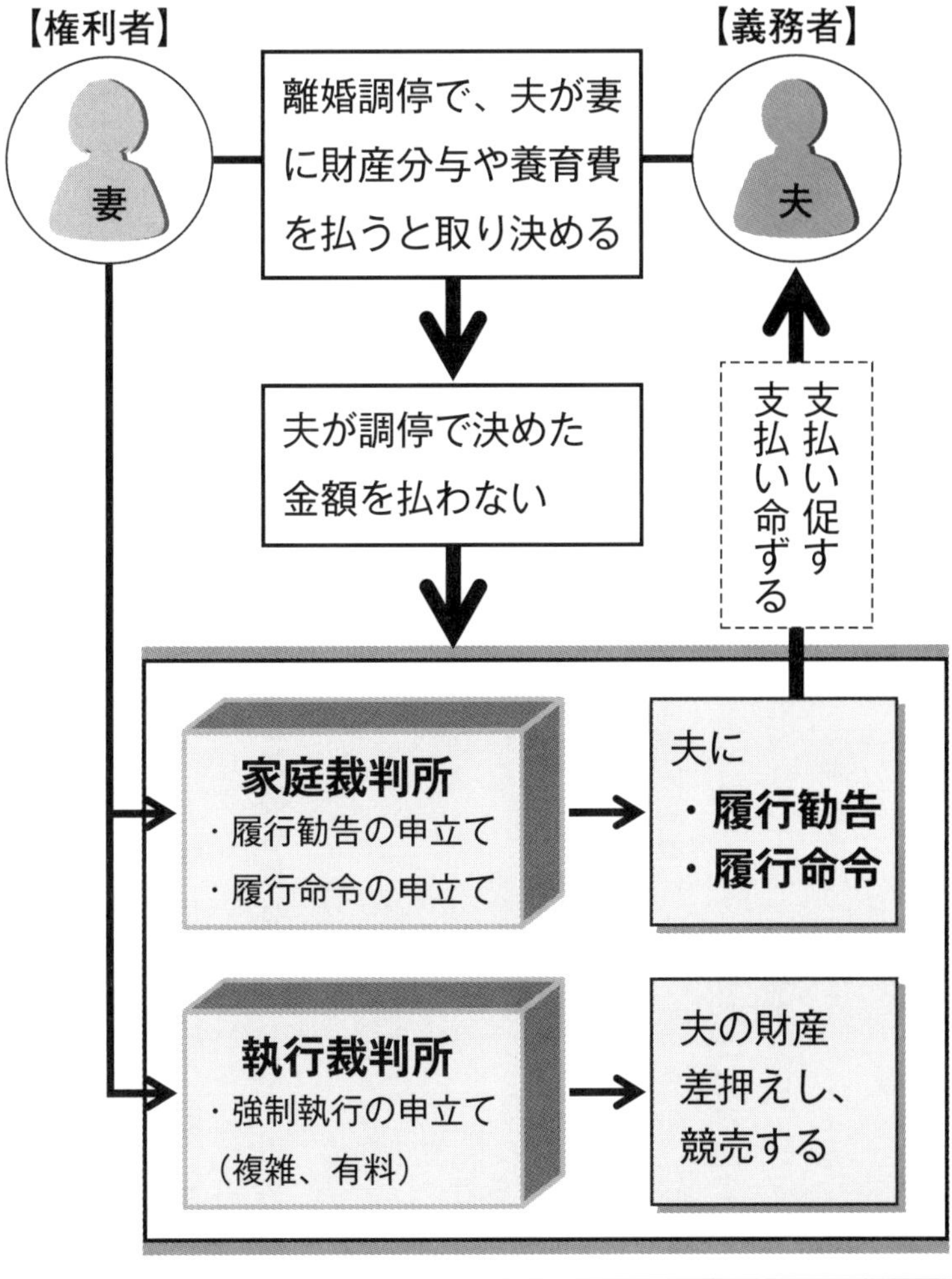

1

離婚調停が成立すると その内容は夫婦を拘束する

…調停調書の内容は確定判決と同じ効力がある

◆夫と妻が調停で合意した内容は調停調書にまとめられる

離婚をめぐる夫婦間のトラブルは、いきなり裁判（訴訟）にはできません。まず、離婚調停（家事調停《かじちょうてい》）から始めることになっていることは、ここまで何度も説明してきました（**調停前置主義**《ちょうていぜんちしゅぎ》）。ほぼ半数の事件で夫婦間の話合いがまとまり、調停が成立しています。ただし、その結論は必ずしも離婚の合意とは限りません。そのまま夫婦関係を続けることで話をまとめる夫婦もいますし、一部だけ合意し調停を終わらせる事件もあります。

なお、調停が成立すると、夫婦が合意した内容は**調停調書**《ちょうていちょうしょ》に記載され、その内容は**確定判決と同じ効力**があります（家事事件手続法268条1項）。離婚は調停調書に記載されたときに成立しますが、調停の手続きと市町村の戸籍役場は連動しているわけではないので、この調停調書を離婚届に添えて、本籍地または住所のある市区町村役場に届け出て調停離婚が成立したことを報告する必要があります。戸籍筆頭者でない配偶者《はいぐうしゃ》は、夫婦の戸籍から除籍され、親の戸籍など元の戸籍に戻るか、単独の新しい戸籍が作られます。

◆離婚の届出以外の合意内容は相手方が履行してくれないこともある

離婚調停の合意内容は夫婦を拘束しますが、財産分与や慰謝料、養育費、未成年の子の引取りや面会交流などの合意事項は、相手方が約束を守るとは限りません。その場合には、家庭裁判所に**履行勧告**や**履行命令**を出してくれるよう申し立てたり、執行裁判所に相手方の財産の差押えを申し立てる必要があります（２０３頁図参照）。

ただし、子どもの面会交流については、相手方が裁判所の命令も無視した場合、強制的に子どもと面会させることは通常できません。

POINT

離婚調停が成立すると、その合意内容は調停調書にまとめられますが、その内容は確定判決と同じ効力を持ち、夫と妻を拘束します。

2

離婚調停の一部だけ成立させたとき残りの調停は諦めるしかないのか

・・・改めて話し合うことも裁判で争うこともできる

◆自動的に審判に移行しないものは民事訴訟を起こせばいい

離婚調停では、離婚以外に、お金の問題や子どもの問題も同時に調停を申し立てるのが普通です。しかし、離婚には合意しても、それ以外の問題で夫婦双方の言い分に隔たりがあり過ぎ、調停委員も妥協点を見つけられない場合があります。

この場合、離婚調停自体を不成立にしてもいいのですが、一部だけ成立させることも認められています（家事事件手続法２６８条2項）。たとえば、離婚の他、未成年の子の監護者と養育費についても合意できたが、財産分与の金額で折り合いが付かないという場合、財産分与以外の調停を成立させることができるのです。

不成立になった調停は、自動的に審判に移行するものもありますが、それ以外は、相手方への要求を諦《あきら》めるか、改めて裁判（民事訴訟）を起こして勝訴判決をもらうかです。離婚後の生活にある程度余裕があれば、もう一度初めから相手方と話し合うといいでしょう。諦めるか、裁判にするかは、それから決めても遅くはありません。ただし、財産分与は除斥《じょせき》期間《きかん》、慰謝料は時効期間があるので注意して下さい。

◆自分に不利な調停は取り下げてリセットしてしまう方法もある

調停は一部だけでも成立させることができますが、それ以外の調停は不成立になる前に取り下げる方法もあります（273条1項）。たとえば、財産分与や養育費、面会交流などは、調停不成立でも自動的に審判に移行し、家庭裁判所が判断を下す場合がありますが、必ずしも申立人に有利な結論が出るとは限りません。調停委員の助言や提案が自分に不利で、審判でも同じ判断が下されそうな場合、その部分の調停を取り下げてしまうのです。申立ては初めからなかったことになります。取り下げた要求は離婚後、改めて相手方と話合いから始めればいいでしょう。

POINT

離婚調停で、財産分与や養育費、面会交流なども同時に申し立てている場合、その部分を不成立にする以外に、取り下げる方法もある。

3

調停で取り決めた養育費や財産分与を夫が払ってくれないときは

…家庭裁判所が義務者に履行勧告や履行命令を出す

◆養育費や別居中の生活費（婚姻費用）の不払いには履行勧告が便利

調停調書に記載された合意内容は**確定判決と同じ効力**があります。夫婦は離婚後、その内容を互いに守らなければなりません。たとえば、元夫が取り決めた財産分与や養育費を払わない場合、元妻は元夫の給料や財産を差し押さえでき、それを換金して、約束の財産分与や養育費を回収できるのです（**強制執行**《きょうせいしっこう》という）。ただし、強制執行の手続きは複雑で、弁護士や司法書士（請求額１４０万円以下の事件）に頼むしかありません。また、手続きには時間も費用もかかります。これは、最後の手段です。

相手方が調停内容を守らない場合には、まず家庭裁判所から**履行勧告**《りこうかんこく》や**履行命令**《りこうめいれい》を出してもらうといいでしょう。手続きは簡単で費用も無料です。家庭裁判所は権利者（右例では元妻）から申出があると、その履行状況を調査したうえで、義務者（元夫）に対し、調停内容（財産分与や養育費の支払い）を守るように勧告《かんこく》します（家事事件手続法２８９条）。なお、履行を怠ったと判断した場合は、支払いを命じる履行命令です（２９０条）。どちらも支払いを強制できませんが、正当な理由もなく履行命令に従わない場合、10万円以下の過料《かりょう》が科されます（同条5項。２０３頁図参照）。

◆財産分与の不払いは調停調書を債務名義に強制執行を

調停で取り決めた養育費は、７割弱が月額６万円以下です。このような少額の支払いを求めるには、履行勧告や履行命令が手軽で便利でしょう。しかし、財産分与は通常はるかに高額ですから、いきなり強制執行を申し立てる方が効果的です。地方裁判所から債務名義や差押えの執行文が届く（**送達**《そうたつ》という）だけで、慌《あわ》てて支払いに応じる義務者もいます。家庭裁判所の履行勧告や履行命令を利用するか、執行裁判所に強制執行を申し立てるか、ケースバイケースで判断してください。

POINT

成立した調停内容を守らない相手方には、家庭裁判所から履行勧告や履行命令を出してもらえます。無料ですし、手軽な制度です。

4 会社員の夫が離婚調停で合意した月々の養育費を払ってくれないが

…将来の養育費の分まで給料を差し押さえる

◆一度の強制執行で将来の養育費まで差押えができる

離婚調停で、夫が妻に養育費を払う取決めをしたケースのほとんどは月極めです。しかし、養育費の支払いは長期間にわたるため、年月が経つごとに払わなくなる元夫も増えてきます。電話やメールで、別れた元夫に「養育費を払え」と催促した経験のある元妻も少なくないでしょう。では、払ってもらえないときは、どうしますか。

調停で取り決めた養育費の金額は、その約7割が月額6万円以下です。費用倒れにならないよう、申立手数料や弁護士費用のかかる**強制執行**より、前項で説明した家庭裁判所の履行勧告や履行命令を利用する方がいいでしょう。しかし、それでも払ってもらえない場合は、強制執行の手続きを取るしかありません。執行裁判所に申し立て、調停調書に執行文を付与してもらって、元夫の給料や財産を差し押さえるのです。なお、分割払いの場合は通常、支払期日の来た分（債権）しか差押えできません。

ただ、月極めの養育費（**扶養義務等《ふようぎむとう》に係《かか》る定期金債権《ていききんさいけん》**という）は、支払期日の過ぎた養育費だけでなく、まだ期日の来ない将来の養育費についても、一度強制執行手続きをするだけで、期日が来るごとに手続きをしなくても、夫の給料を差し押さえることができます（民事執行法１５１条の２第１項３号）。もっとも、将来分の養育費のために差押えができるのは、給料など継続的に夫に支払われる財産だけです（同法２項）。

◆差押えできるのは元夫の給料の２分の１まで

将来分の養育費まで差押えできると言っても、将来分全額を一括でもらえるということではありません。毎回手続きをしなくても、期日が来れば給料を差し押さえて、払ってもらえるということです。なお、財産分与や慰謝料は給料の４分の１までしか差押えできませんが、養育費は給料の２分の１まで差押えできます（１５２条）。

POINT

月払いの養育費は元夫が支払いを滞《とどこお》ると、元妻は期日の来ない将来の養育費まで、一度の手続きで元夫の給料を差押えできます。

5

リストラで養育費が払えなくなったら養育費減額の調停を起こせばいい

……調停がダメなら自動的に審判に移行する

◆事情が変われば養育費を変更することも可能である

養育費の金額は、離婚時点の夫婦の経済力や監護する未成年の子の事情など一切を考慮して決まります。当然、その子の将来のこと（たとえば大学進学するかどうか）も念頭において決めますから、原則的には養育費の変更は難しいと考えるべきです。しかし、その支払いは通常長期間にわたります。その間に、夫婦双方の経済力や子の事情、社会情勢や物価水準なども予想外の変化をする可能性がないとは言えません。

たとえば、養育費を払っている元夫（子の父親）がリストラされ、無収入になった場合です。この場合には、元夫は元妻（子の母親）側に養育費の免除や減額の申入れができると考えられ、当事者間の話合いがダメなら、元夫は**養育費減額請求の調停**を申し立てればいいのです。元の取決めが夫婦間の話合いによるものでも、離婚調停で調停調書に記載されたものでも、右の事情なら変更が認められる可能性はあります。

なお、調停が不成立でも自動的に審判に移行し、家庭裁判所が判断してくれます。リストラでも一方的に支払いを止めずに、必ず話合いや調停で解決してください。

◆養育費をもらう側の事情の方が認められやすい

養育費の変更を求める調停には、元妻や子からの増額請求もあります。たとえば、文科系を目指していた子が医学部に進学したような場合です。調停では、双方の収入や子どもにかかる費用などを考慮し、調停委員と共に話合いを進めていきます。

一般的に、養育費減額を求める元夫側の事情は、リストラや病気による失業、借金の拡大、再婚による新しい扶養家族の出現、母親の収入アップなどです。また、増額を求める元妻側の事情は、母子の病気、母親の失業、進学や受験の臨時支出、父親の収入アップなどで、もらう側の事情の方が比較的認められやすいと言われています。

POINT

養育費を払う側も、もらう側も、長い間にはそれぞれの経済事情が大きく変わることがあります。その場合、養育費の額の変更も可能です。

6

子どもを引き渡さない元夫に法律は無力なのか？

…引渡しの強制執行もできる場合がある

◆子の引渡し調停を申し立てる

夫婦間の話合いや離婚調停で、未成年の子を引き取り、養育する親（親権者または監護者）を決めても、その取決めを無視して子を引き渡さなかったり、親権者（または監護者）の元から法律手続きによらず、強引に子を連れ去る行為は、どんな事情があっても違法です。たとえば、元妻を子の親権者と決め、その養育も子の母親である元妻が引き取って行うことで合意ができたのに、元夫が離婚後、自分の元にいるその子を引き渡さない場合、元妻は家庭裁判所に**子の引渡しの調停**を起こせばいいのです。

調停では、双方の生活環境や子の意向も尊重しながら、調停委員が元夫を説得してくれます。調停不成立でも自動的に審判に移行し、家事審判官（裁判官）は元妻の申立てを妥当と認めれば、元夫に子の引渡しを命じる決定を出してくれるでしょう。

また、親権者でない父母は勝手に子を連れて行くだけで**未《み》成《せい》年《ねん》者《しゃ》略《りゃく》取《しゅ》誘《ゆう》拐《かい》罪《ざい》**です。

警察に相談すれば対応してくれます。別居中の夫が保育園から帰宅途中の2歳長男を車で連れ出した事件では、警察は夫を未成年者略取誘拐で逮捕しています（刑事裁判で、懲役1年、執行猶予4年の有罪が確定。最高裁・平成17年12月6日決定）。

◆引渡しの強制執行も不可能ではない

財産分与や養育費など、お金の問題は、相手方が調停や審判で決まった内容を守らない場合、その財産を強制執行で差し押さえ、換金して取り立てることができます。しかし、子を引き渡す決まりを守らないからといって、執行官がその親から無理やり子を引き離すことはできません。もちろん、執行官がその親を説得して子の引渡しを受けたり、子が学校など他所にいるときに保護することは考えられます。

なお、子の引渡しを拒む親には、「引渡し義務に1日違反するごとに○円の制裁金を求める」という**間接強制**を申し立て、決定をもらって引渡しを促す方法もあります。

POINT

子の引渡しの強制執行は財産のようにはいきませんが、執行官が違反親を説得する、子を学校や通学路で保護するなどの方法は実務上とられる場合があります。

7 元妻が取り決めた面会をさせないが子どもと会うことはできないのか

・・・子どもが望めば面会を拒絶できない

◆子どもに会いたいなら面会交流の調停を申し立てればいい

離婚により子どもと別れて暮らすことになった父母には、その子と会ったり、電話やメールをやり取りする権利（**面会交流権**）があります。子を引き取った親（親権者や監護者）は、その面会交流を原則拒絶できません（3章ケース⑬参照）。離婚の際、面会交流の回数や場所、方法など具体的に決めたのに、離婚後、子に会わせてもらえないという場合、家庭裁判所に**面会交流の調停**を申し立てればいいのです。調停委員は双方の言い分を聞き、子の利益や福祉に反しないと判断すれば、子を引き取った側に面会を認めるよう説得してくれるでしょう。

　調停不成立でも審判手続きが開始され、子の福祉が害される恐れがある場合を除き、家庭裁判所は面会交流を許可してくれます。この場合、裁判所は具体的に面会の日時や回数、場所などを指定して、子を会わせるよう命じることも多いようです。

なお、この命令や夫婦の取決めを守らない監護者には**間接強制**を申し立てる方法もあります。面会交流の内容を具体的に定めたのに、その約束を無視して、子を父親に会わせない母親に対し、不履行1回につき5万円の制裁金支払いを命じた最高裁決定もあります（平成25年3月28日）。面会交流を認めない相手には効果的です。

◆取り決めた以外の面会交流は拒絶してもいい

「夫婦は別れれば他人だが、親子の縁は切れない」からと、相手方や子どもが望む時に自由に会わせるという取決めをする夫婦もいます。しかし、あまり頻繁に接触すると、子が相手方の生活環境に慣れ親しんでしまったり、相手方が子を連れ去るなどの問題も起こり、子の福祉の面からも好ましくありません。面会交流の具体的なルールを決めて、それ以外の臨時の面会交流は、原則拒絶するようにすべきでしょう。

POINT

離婚により未成年の子と別れて暮らす親は、その子と面会交流する権利がありまります（それは子の権利でもある）。子と暮らす親は、面会を原則拒絶できません。

8

一度取り決めた調停内容でも再度調停を起こして変更できるか

…当事者の状況などが変われば、再度調停を起こせる

◆面会交流や養育費の増減額は状況が変われば再度調停を起こせる

未成年の子の養育費や面会交流については、一度決めても、離婚後に変更することは可能です。元夫婦間で話合いがまとまらなければ、家庭裁判所に調停や審判を申し立てることができます。ただし、審判を申し立てても、まず調停手続きから開始するのが原則です（**調停《ちょうてい》前《ぜん》置《ち》主義《しゅぎ》**）。

では、一度調停が成立した後で、再度調停を起こして、養育費の増減額を求めたり、面会交流の方法（日時、場所、回数）を変更することができるでしょうか。どちらも子の年齢や父母の事情など状況が大きく変化した場合は、再度調停を申し立てることも可能です。ただし、いくら簡便な手続きだとはいえ、当事者（元夫と元妻）は正当な理由がなければ調停を欠席することはできませんから、そのつど家庭裁判所に出頭するとなると、かなりの時間を取られます。嫌がらせ目的など不法な理由で繰り返し

調停を起こすことは、言うまでもなく許されません。

さしたる状況の変化もないのに繰り返し調停を起こされた場合は、第1回期日に、調停委員に対して調停を成立させるつもりはない旨を伝え、サッサとその調停を終わらせてしまうのも一つの方法です。

◆財産分与や慰謝料は調停成立後に変更することは難しい

財産分与や慰謝料は、当事者間で合意が成立すると、「今後、金銭的あるいは財産的な請求は一切しない」という文言入りの文書を交わします。この文書にハンを押すと、新たな請求はできません。なお、調停で一旦財産分与に合意した妻が、金額が不服と起こした審判で、家庭裁判所は「今後いかなる要求もしない」という合意が成立した以上、財産分与を求める余地はないと、妻側の請求を退ける決定をしています。

POINT

離婚調停で決めた子どもの養育費や面会交流の取決めは、当事者の状況が変われば、再度調停を起こして変更することも可能です。

9

調停がまとまらなくても家庭裁判所が審判にするケースもある

…子どもの引渡しや金銭の支払いを命じることも

◆調停不成立の場合、家庭裁判所はその裁量で調停に代わる審判ができる

離婚調停では、離婚だけでなく、お金の問題（財産分与、養育費、慰謝料など）や未成年の子の問題（親権、監護者、面会交流など）も、同時に調停内容として申立てがなされるのが普通です（92頁・夫婦関係等調整調停申立書「申立ての趣旨」参照）。しかし、いくら調停委員を交えて話し合っても、そのすべてを一度に合意することは容易ではありません。互いに離婚することには異存なくても、子の引渡しや養育費、財産分与などで折り合いが付かないことも多いからです。

このような場合、調停そのものを不成立にして、離婚訴訟を起こすこともできますが、離婚についてなど夫婦の合意ができている部分は調停を成立させ、合意ができていない事項については、家庭裁判所がその裁量で審判を行い、判断する手続きもあります。これを**調停に代わる審判**といい、家庭裁判所は、この手続きにより結論を出す

のが相当と認めた場合、調停委員の意見を聞いた上で、当事者双方のために衡平に、かつ一切の事情を考慮して、職権で結論を出すことができるのです（家事事件手続法284条）。

具体的には、子の引渡し、金銭の支払い、その他の財産給付などが対象（同条3項）で、調停の主要事項で合意ができている場合や双方の言い分にはほとんど差がないのに互いに意地で合意しない場合などに使われます。

◆2週間以内に、当事者から異議の申立てがないと確定する

調停に代わる審判は、家庭裁判所の決定に対して、当事者から2週間以内に異議が申し立てられなければ確定します（判決と同じ効力がある）。しかし、異議があると、その審判は効力を失い、当事者は要求を諦めるか、裁判を起こすしかありません。

POINT

離婚調停で離婚の合意ができている場合、合意ができない財産分与や養育費などは調停に代わる審判で結論が出る場合もある。

10

離婚調停がまとまらなければ裁判を起こすしかない

…離婚については家庭裁判所に人事訴訟を起こす

◆財産分与や養育費、子どもの引渡しも同時に争うことができる

離婚調停は、家庭裁判所で行う話合いだということは、これまで何度も説明してきました。調停委員という第三者を仲介して、それぞれの言い分や意見をすりあわせ、妥協点を探していくのですが、互いに顔を会わさないので、感情的にならず、冷静に判断が下せるのです。しかし、互いの言い分が大きくかけ離れている場合、たとえば妻は離婚したいが、夫は絶対に離婚に応じないと言い張れば、離婚調停は不成立です。妻は、別居して事実上の離婚状態を作ることはできても、法律上、夫婦の戸籍《こせき》から出るためには、裁判（**離婚訴訟**）を起こすしかありません。離婚など身分関係に関する訴訟は、夫または妻の住所地の家庭裁判所に起こします（人事訴訟法4条1項）。

なお、離婚訴訟では、財産分与や慰謝料、養育費や子どもの引渡しなどについても、その裁判の中で同時に審理し、相当な金額の支払いや子の引渡しを命じることも可能

です（**付《ふ》帯《たい》処《しょ》分《ぶん》**という。32条）。

◆裁判は最後の手段。勝訴しても失うものも少なくない

離婚訴訟は、一般の民事訴訟と比べると手軽ですが、よほど法律知識や裁判実務に詳しい人でない限り、自分一人で戦うことは不可能です。裁判を起こすには弁護士に依頼するしかなく、それなりの費用と時間がかかります。また、決まった内容に不満でも、互いに納得して合意した調停内容と違い、判決を出すのはプロの裁判官です。勝ち負けいずれにしても、判決内容は本人が納得して出されたものとは限りません。その結果、後々まで双方にしこりが残ります。夫婦間に子がいる場合、双方が互いに持ち合う悪感情が子どもにいい影響を与えるはずはありません。

裁判所は通常、途中で和解を勧めるのが普通です。弁護士と相談し、譲れるところは譲ることも考えてください。結果はどうであれ、未来に遺恨を残さないことです。

POINT

離婚調停でも、相手方が離婚に応じなければ、最終的には離婚訴訟を起こすしかありません。ただし、時間と費用がかかります。

巻末特集

離婚調停の申立書式を上手に書くには どうしたらいいか

●調停申立書や事情説明書の「申立ての理由」を簡潔に書くのがベスト

離婚をめぐる調停申立ての手続きは、**家事事件手続法**に規定されています。調停を申し立てる場合、決められた書式に記載し、家庭裁判所に提出しなければなりません（必要な書式と記載例は、第2章第8項88頁表、第9項〜第10項サンプル参照）。

たとえば、離婚調停を申し立てる場合、申立人は**調停申立書**の他に、夫婦の現状や申立ての動機などを記載する**事情説明書**、相手方からDV被害を受けている場合など、調停で相手方と顔を合わせないよう家庭裁判所に配慮を求める**進行に関する照会回答書**（裁判所により名称や様式が異なる）などの提出が必要です。また、調停の相手方も、調停期日までに**答弁書**や**事情説明書**などの提出が義務付けられています。

離婚調停を有利に進めるには調停委員を味方につけることだと、何度も説明してきましたが、その第一歩が、調停申立書や事情説明書の書き方です。中でも、申立ての理由や動機、それまでのいきさつなど記述部分（書式の大半は選択式と穴埋め式）が重要で、ここを上手に書けるかどうかで離婚調停の行く末が決まる、と言ってもいいでしょう。といって、作家のような心に響く記述が必要なわけではなく、法律の専門家のような高度な記述をしろということでもありません。あなた（申立人）が相手方に、何を求めているのか（離婚の他に、慰謝料、財産分与、養育費、子どもの親権など）、なぜ離婚調停を起こしたのか（相手方の浮気、浪費など、その理由やいきさつなど）を、調停委員に明確に伝えられる書き方をしなさいということなのです。

具体的には、次のことを守って書いていただければ、いいと思います。

・簡潔に書く（文章にするのが難しければ、箇条書きでもいい）
・日時、場所、関係者は、可能な限り、具体的に書く（たとえば、**令和5年12月頃**から、夫は直属の**部下である乙川花子**と男女関係を持つようになり、など）
・事実だけを書く（ウソや誇張は調停委員の心証《しんしょう》を悪くする）
・感情的な表現、誹謗中傷《ひぼうちゅうしょう》する内容は書かない（むしろマイナスにはたらく）

ここでは、離婚の他、財産分与、慰謝料、養育費、婚姻費用《こんいんひよう》など離婚給付と親権《しんけん》、子どもの引渡しを求める調停申立書の「申立ての理由」欄や事情説明書の「動機」欄の具体的な記述例を紹介します。

【調停申立書】申立ての趣旨・理由欄

申　立　て　の　趣　旨

申　立　て　の　理　由

【事情説明書】申立ての動機欄

7　夫婦が不和となったいきさつや調停を申し立てた理由などを記入してください。	

1　今回あなたがこの申立てをした「きっかけ」、「動機」を記入してください。	

【解説】

夫婦関係等調整調停申立書（91～92頁参照）の「申立ての趣旨」「申立ての理由」欄は、必要な個所にレ点を付けたり、○で囲むだけでよく、穴埋めの書込み以外、記述する部分はありません。

具体的な離婚のいきさつや動機を記述するのは、事情説明書の該当欄です（上）。また、離婚後に、養育費や財産分与、面会交流などの調停を申し立てた場合も同様で、事情説明書に記述欄があります（下）。ただし、慰謝料や子どもの引渡しの調停では、右のような記述欄がある申立書を使います（個々の家庭裁判所により使う書式や名称、様式が若干異なります）。

【具体的記載例①】離婚を求める場合・上手な例

夫は３年前から部下の乙川花子と浮気し、私が別れるよう頼んでも聞かず、１年前からは同女のマンションで同棲しています。私が離婚を申し出ても、夫が応じないので、申立ての趣旨の通りの調停を求めます。

【具体的記載例②】離婚を求める場合・悪い例

夫の浮気は許せません。しかも、浮気相手の乙川花子と一緒になって、私をバカにします。私が離婚すると言うと、「俺に食わしてもらってるくせに、浮気ぐらいで文句言うな！」です。悔しくてたまりません、
私は、申立ての趣旨の通りの調停を求めます。

【解説】

離婚前の申立てですから、記述するのは調停申立書ではなく、前頁上の事情説明書です。

記載例①は、コンパクトにまとまり、いきさつや離婚の動機がよくわかります。一方、例②は夫への感情的な怒りが書かれているだけです。これでは、夫が浮気をしたこと以外、わかりません。夫婦間のトラブルの事実だけを書くようにしてください。

【具体的記載例③】財産分与を求める場合

1　申立人と相手方は、令和　年２月１日、協議離婚し、同日離婚届を出しました。

2　申立人と相手方は、結婚期間中、生活費を双方で２分の１ずつ負担していますが、その余剰金は相手方名義の預金にし、現在の残高は600万円です。

3　申立人は離婚の際、上記預金の２分の１にあたる300万円を申立人に渡すよう相手方に求めましたが、相手方はこれに応じません。

　よって、申立人は、今回の申立てをしました。

【解説】

離婚後に財産分与を求める場合で、調停申立書に記述欄がある書式（226頁）を使う記載例です。これは「申立ての理由」の記述で、夫婦共有財産を築いた経緯や申立人が蓄財に寄与した割合がよくわかります。また、「申立ての趣旨」には、「相手方は、申立人に対し、財産分与として金300万円を支払うとの調停を求める」と書きます。

なお、申立書が選択式で、事情説明書（227頁下）を使う家庭裁判所もあります。その場合は、上記２と３をまとめて書けばいいでしょう。

【具体的記載例④】 慰謝料を求める場合

1　申立人と相手方は、平成　年1月23日婚姻し、申立人は同年12月20日長男一郎を出産しました。
2　相手方は、令和　年春頃からバー○○のホステス乙野雪江と男女関係になり、週末には同女宅に外泊するようになりました。申立人が同女と別れるよう諌めましたが、相手方は態度を改めず、同年9月頃からは申立人に生活費も渡さないようになり、また申立人にたびたび暴力をふるうようになりました。
3　申立人は、相手方の暴力に怯える生活に耐えられなくなり、令和　年1月9日、協議離婚しました。
4　しかし、これは相手方の暴力により離婚せざるを得なくなったものです。よって、慰謝料を請求するため、この調停を申し立てました。

【解説】

離婚後、慰謝料を要求する場合は、226頁の調停申立書を使います。これは、「申立ての理由」欄の記述ですが、「申立ての趣旨」欄には、「相手方は、申立人に対し、慰謝料として300万円を支払うとの調停を求めます」と、具体的要求を書きます。なお、慰謝料（不法行為による損害賠償）請求の調停が不調の場合、次は地方裁判所に訴訟を提起します。

【具体的記載例⑤】養育費を求める場合

私は、甲野太郎と令和　年10月11日協議離婚し、長男一郎は私が引き取りました。その際、父親の甲野は養育費として毎月５万円を支払う約束をしましたが、甲野は離婚後、一切払ってくれません。私は収入が少なく経済的に困るので、甲野に何度も催促していますが、応じないため、この調停を申し立てました。

【具体的記載例⑥】養育費の減額を求める場合

私と甲野花子は令和　年10月11日、協議離婚し、その際、私は長男一郎の養育費として、毎月５万円を支払う約束をし、先月まで同額を支払ってきました。しかし、３か月前、勤務先をリストラされ、現在無職です。私は花子に対し、再就職が決まるまで養育費を半額にしてくれるよう頼みましたが、花子が応じないため、この調停を申し立てました。

【解説】

離婚後、未成年の子を引き取った配偶者が、相手方に養育費を要求する場合や取り決めた養育費を変更する場合、事業説明書の該当欄（227頁下）には、上のような内容を書き込みます。

【具体的記載例⑦】養育費の増額を求める場合

私は、甲野太郎と平成　年10月11日協議離婚し、長男一郎は私が引き取りました。その際、父親の甲野は養育費として毎月５万円を支払う約束をし、現在まで履行されています。しかし、長男は本年４月より私立中学に進学したため、現在の養育費では不足するようになり、今回、増額申立てをしました。

【具体的記載例⑧】監護者の再婚を理由に養育費の免除を求める場合

私と甲野花子は、令和　年10月11日、協議離婚し、その際、私は長男一郎の養育費として、毎月５万円を支払う約束をし、先月まで同額を支払ってきました。
しかし、花子は先月末、乙川次郎と再婚、一郎も乙川と養子縁組をしました。その結果、私の一郎に対する扶養義務はなくなったと考えます。よって、養育費の支払い免除を求め、今回の申立てをしました。

【解説】

子が再婚相手と養子縁組すると、再婚相手も養育費を負担する義務が生じます。再婚相手が裕福で、元妻の経済力が離婚時点より増えた場合、実父の元夫は養育費の減額や免除を求められます。

【具体的記載例⑨】別居中の生活費を求める場合

夫太郎は、令和　年１月頃から取引先の社員乙山秋江と親しくなり、同年３月頃からは同女宅で同棲生活を始めました。以後、夫は、私と長女の暮らす自宅には戻ってきません。私は夫に対し、同女との関係を清算し、自宅で私たちと同居するよう再三求めましたが、夫は応じず、３月以降生活費も入れてくれません。
私は専業主婦で収入もなく、病気がちの長女を抱え、生活が苦しいため、今回の申立てをしました。

【解説】

夫婦関係が悪化し、夫婦が別居した場合は、収入や資産の少ない配偶者は、その相手方に別居中の生活費（婚姻費用という）を請求できます。相手方が支払いに応じなければ、婚姻費用請求の調停を起こせます。この場合、請求額などは調停申立書に書き込みます（必要個所にレ点や○を付け、穴埋めすればいい）が、申立てのきっかけや動機などは、事情説明書の該当欄（227頁下）に、上記のように具体的に記述しなければなりません。

なお、この調停は、離婚する場合も、ヨリを戻す場合も、どちらでも利用できます。

【子についての事情説明書】裁判所への要望欄

5　お子さんに関することで裁判所に要望があれば記入してください。	

【具体的記載例⑩】子の親権者指定を求める場合

私は、平成　年10月11日、夫甲野太郎との協議離婚に同意し、長女綾子を引き取って同日別居しました。しかし、親権者の地位をめぐり話合いが付かないため、離婚届を出せません。

私も夫も、ともに長女の引取りを望みますが、長女は現在８歳と年少で、父親である夫より母親の私の監護が必要な年齢です。また、夫は激情型で、長女を叱る際、暴力をふるったこともあったので、夫側に長女を引き渡すことのないよう配慮を求めます。

【解説】

夫婦に未成年の子がいる場合、その親権者に父母どちらがなるか決めないと、離婚届が受理されません。夫婦間の話合いが付かなければ、離婚調停を起こせます。その際、事情説明書とは別に、子についての事情説明書も記載して、提出が必要です。

【具体的記載例⑪】親権者変更を求める場合

私と甲野花子が協議離婚した際、花子が親権者として長男一郎を引き取りました。しかし、花子は令和　年夏頃から長男を放置して乙山次郎と同棲を始めたため、現在は私が長男を引き取り、監護養育しています。
長男は本年４月から小学校に就学しますので、親権者を私に変更するよう申し入れましたが、花子が話合いに応じないため、今回の申立てをしました。

【解説】

未成年の子の親権者に指定された元配偶者（たとえば妻）が、離婚後、子を虐待したり、子の監護養育を放棄するなど、子の福祉のため不都合が生じた場合、調停または審判（調停不成立なら自動的に審判に移行）で、子の親権者を他方の親（夫）に変更することができます（離婚後は、家庭裁判所の調停または審判によらなければ、親権者の変更はできない。父母の合意だけでは変更不可）。

親権者変更を申し立てた動機などは、事情説明書の該当欄に、上記のように、具体的に記述すればいいでしょう。事情説明書には、子を引き取らなかった親と子の別居後の交流状況を書く欄もあります。

【具体的記載例⑫】子の引渡しを求める場合

1　申立人と相手方は、令和　年２月15日、未成年の長男の親権者を申立人と定め、協議離婚しました。
2　申立人は離婚後、長男を引き取り、監護養育していましたが、同年５月１日、相手方は申立人に無断で長男を保育園から連れ出しました。以後、申立人が長男の引渡しを求めても、相手方は応じません。
3　よって、申立ての趣旨の通りの調停を求めます。

【解説】

離婚後、子と別居した相手方が未成年の子を勝手に相手方宅などに連れて帰ったり、子を申立人に引き渡す取決めを履行しない場合、申立人は子の引渡しを求める調停を起こせます。この場合、調停申立書（226頁）の「申立ての理由」欄に、相手方とのトラブルの経緯や現状を、上記のように書けばいいでしょう。

この場合、「申立ての趣旨」欄には、「相手方は、申立人に対し、申立人長男甲野一郎を引き渡すとの調停を求める」と書きます。

【具体的記載例⑬】子との面会交流を求める場合

私と甲野花子は、令和　年10月11日に協議離婚し、その際、当時８歳の長男一郎の親権者は花子と決め、花子が監護養育しています。私は一郎に半年会っていないので、一度会いたい旨、花子に申し込みましたが、応じないため、面会交流の調停を申し立てました。

【解説】

離婚後、子を引き取らなかった親は、未成年の子と面会交流ができる権利（面会交流権）があります。子の福祉を害するか、その怖れがある場合を除いて、子を引き取った親は面会交流の要求を拒絶できません。子との面会交流を要求する調停を申し立てる場合、そのきっかけや動機の記述は事情説明書の該当欄（227頁下）に書きます。

★

ここで紹介した記載例を参考に、自分のケースにあった記述をしてください。

なお、本書では、東京家庭裁判所で使用する書式により解説していますが、申立ての書式は、全国の家庭裁判所で一律ではありません。名称や様式も、若干異なります。申立てをする家庭裁判所で確認してください。

【資料】養育費の支払いを求める内容証明郵便

令和　　年８月１１日

○○県○○市○○１丁目２番３号

甲野太郎殿

××県××市××町４丁目５番６号

ハイツ××２０３号室

甲野花子　㊞

催　　告　　書

私は、あなたと令和　　年２月２８日協議離婚しました。その際、あなたは長男一郎の成人まで、養育費として毎月５万円を、私指定の銀行口座に月末までに入金することを約束し、私に念書を提出しています。しかし、あなたからはこれまで一度も養育費の入金がありません。

本書面到達後１週間以内に、未払いの令和　年３月分から７月分までの５か月分の養育費合計３０万円を私指定の口座にご入金ください。万一、ご入金ない場合には、法的手続きを取る所存であることを、念のため申し添えます。

以　上

【解説】

協議離婚した際、養育費に限らず、財産分与や慰謝料の支払いなど、いわゆる離婚給付について取決めを交わす夫婦は少なくありません。しかし、その取決めを守らない人間もいます。そんなとき、相手方に支払いを求めるには、内容証明郵便を使うと効果的です。それでも相手方が支払わないとき、初めて養育費や財産分与、慰謝料などを求める調停を起こせばいいのです。

【内容証明郵便のルール】

・１枚の用紙に書ける文字数に制限があり、横書きの場合には、１行26字以内20行以内（右頁）、１行20字以内26行以内、１行13字以内40行以内、のいずれかです。市販の用紙が便利です。
・間違いを訂正するには、郵便規則に従って、直さなければなりません。
・同文のものを３通（コピーでOK）作り、内容証明郵便を扱う郵便局に受取人宛の封筒と料金と一緒に持って行くだけです。
・インターネットを使って申し込む「ｅ内容証明郵便」もあります。

〔監修者〕

梅田 幸子（うめだ　さちこ）

神奈川県横浜市出身。早稲田大学法学部卒業。2007年9月、弁護士登録（横浜弁護士会（当時））。現在、神奈川県弁護士会「高齢者・障害者の権利に関する委員会」委員などを務める。

〔著　者〕

飯野 たから（いいの　たから）

山梨県生まれ。慶應義塾大学法学部卒業。フリーライター。著書に、『戸籍のことならこの1冊』『損せず別れる　男の離婚読本』（以上、共著）『非正規六法』『大家さんのための賃貸トラブル解決法』『撮ってはいけない』（以上、自由国民社）などがある。

＊本書の記述は、2024年3月31日時点で施行されている法令に基づいています。

有利に解決！　離婚調停

2014年1月17日　初版第1刷発行
2024年6月17日　第3版第1刷発行

監修者　梅田幸子
著　者　飯野たから
発行人　石井悟
印刷所　横山印刷株式会社
製本所　新風製本株式会社
本文DTP　有限会社 中央制作社

発行所　株式会社 自由国民社
〒171-0033　東京都豊島区高田3-10-11
☎〔営業〕03(6233)0781　〔編集〕03(6233)0786
https://www.jiyu.co.jp/